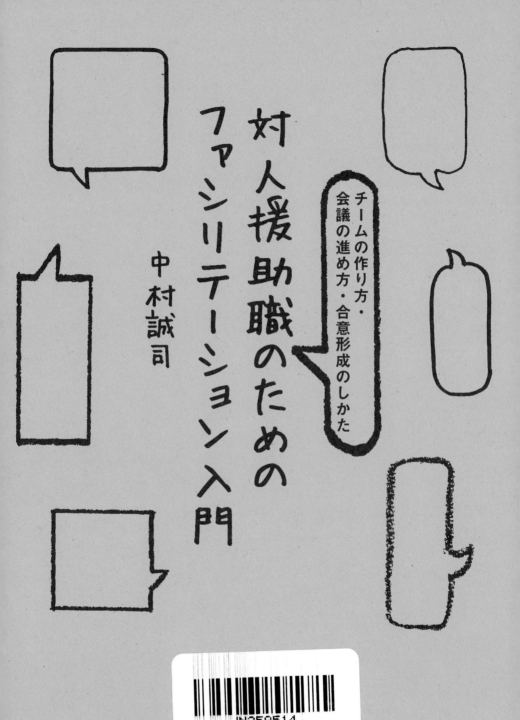

対人援助職のための
ファシリテーション入門

チームの作り方・会議の進め方・合意形成のしかた

中村誠司

はじめに

　私が本書の執筆を思い立ったそもそものきっかけは、父親の看取りを経験したことです。その経過のなかで、お世話になった看護・介護スタッフの方々には、言葉では尽くせないほどの感謝の念を抱きました。私は、看護・介護という職業は、利用者やその家族から一生感謝をされ続ける素晴らしい仕事だと思っています。お世話になった方々に少しでも役に立つ内容を提供し、より多くの患者さんや利用者さんに質の高いケアを提供していただきたい。それが私のささやかな恩返しだと思って、本書を書き進めました。

　これからの時代に求められるヒューマン・ケアは患者・利用者の「尊厳」をもった暮らしの確保です。ケアを必要とする状態になっても、その人らしい生活を送る「利用者の尊厳を支えるケア」の実現を目指すことが基本です。そのため、ヒューマン・ケアの現場では、どのように職員を育成し、質を高めていくかが重要な課題となっています。

　米国の看護管理者教育においては、マネジメントのコンピテンシー（成果に結びつく行動特性）の能力育成項目のひとつに「ファシリテーション」があります。ファシリテーションを活用した現場は、組織、チームそして個人も、活動が円滑になるといわれています。職員は働きやすくなり、パフォーマンスが向上し、その結果、チームの活性化にもつながるからです。また、ファシリテーションは利用者や利用者の家族、他部署、行政関連部署などとのコミュニケーションを強化して、問題や課題への効果的な対処策を考えることも可能にします。

　ヒューマン・ケアの現場においては、今後はさらに意欲的で質の高い専門性を兼ね備えた人材の育成が重要になります。本書では、医療・介護現場で行うことができるファシリテーションの手法をわかりやすく説明しています。より多くの実践者の方々、これからヒューマン・ケアの現場で働くことを目指す方々に読んでいただけたら幸いです。

2017年3月
中村誠司

対人援助職のためのファシリテーション入門　目次

序章 ファシリテーションとは何か？ ……5

第1章 「場」のデザイン　13

- 第1講　チームという「場」を活かす　14
- 第2講　チームビルディング　18
- 第3講　場の雰囲気の向上と労働生産性　22
- 第4講　マネジメントに活かすファシリテーション　26
- 第5講　成果につなげる会議のあり方　30
- 第6講　会議の場のレイアウト　34
- 第7講　会議における役割分担　38
- 第8講　会議の種類・段取りとブレイン・ストーミング　42

第2章 関係調整のスキル　47

- 第9講　チームを目標に向かわせる基盤づくり　48
- 第10講　協働型チームをつくるコツ　52
- 第11講　仕事のムリ・ムダ・ムラを排除する　56
- 第12講　説得力のある話し方　60
- 第13講　話す・伝える基本的な技術　64

第14講	聞き手の理解・納得・決断を促す話し方	68
第15講	オープン・クエスチョン クローズド・クエスチョン	72
第16講	「聴く」ための基本的な技術	76
第17講	言葉の行間を読む 相手の気持ちになる	80

第3章
構造化のスキル　　　　85

第18講	問題の種類と構造化のしかた	86
第19講	問題の原因分析	92
第20講	問題の整理① 明確化と整理の視点	96
第21講	問題の整理② 発散法と収束法	100
第22講	ロジックツリーとMECE（ミッシー）	104
第23講	問題解決に向けたステップ	108

第4章
合意形成のスキル　　　　113

第24講	合意形成に向かうプロセスと工夫	114
第25講	合意形成のための関係調整	118
第26講	合意形成に向けた定性・定量評価	122
第27講	合意形成に向けた最終調整	126

第5章
ファシリテーションの実践　　　　131

ケーススタディ：チームの不協和音の改善　　142

序章

ファシリテーションとは何か？

1.本書における「ファシリテーション」の定義

ファシリテーション（Facilitation）とは、組織及びチーム内外における関係を調整し、効率的に効果的に合意形成（納得・理解・行動）に向けて働きかけ導いていくことです。看護や介護などのヒューマン・ケアの現場においては、会議への参加やミーティングをする時間がとれないこともしばしばあります。そのような場合でも、例えば**数分程度立った状態での話し合いや勉強会、ミーティング（以下「立ち会議」）でも十分効果はあるという学術的な報告があります**。5分の学習会、5分の立ち会議などを通して、職員、ヘルプで参加する他フロアの職員、関係部署、理学療法士、作業療法士、患者・利用者の家族等に対して効果的に働きかけることができます。

本書は、組織が目標を達成するために、各スタッフの活動が円滑に行われるように支援すること、また目標達成の妨げとなりかねない問題を発見し、原因を追究し、解決するための「支援」「促進」をする方法を「医療・介護サービス職向け」に書いたものです。

日本が迎えた高齢社会のなかで、医療・介護施設の利用者や利用者家族が安心した生活を手に入れることができるようにする。そのような理想的な看護や介護に近づくために「ファシリテーション」という手法を理解し、現場で活用していってほしいと考えています。医療・介護施設の利用者、医療・介護サービス職にとってメリットをもたらす**ファシリテーター**になって、よりよいサービスの質の向上を実現していただきたいと思います。

2.ファシリテーションの全体像

ファシリテーションは、①**「場をデザイン」**し、②**「関係調整」**による効果的なコミュニケーションに結び付けるものです。立場が異なる人たちからさまざまな意見を聞くことで③**「課題を構造化」**して問題点を見つけだし、真の原因を究明して問題解決に向けて取り組むべき課題を明確化します。どの問題や課題から手をつけていくか、どのように進めていくのか、これらを総合的に判断して④**「合意形成」**という理解・納得し行動に移る「意思決定」につなげていきます。

ファシリテーションの一連の流れを図に整理すると01図のようになります。第1段階で「場」をつくり、第2段階では「場」のなかのコミュニケー

01図 ファシリテーションの概念図

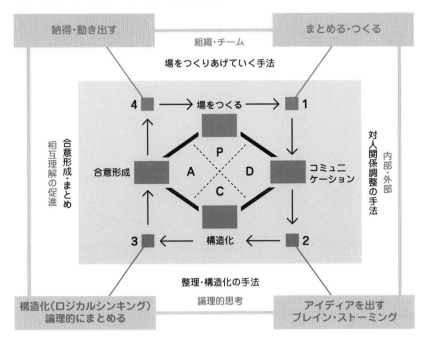

ションを活性化することでさまざまなアイディアを出し合い、第3段階ではそれらを論理的に構造化・整理して、第4段階で具体的な取り組み事項をチームとして合意します。

3.ファシリテーションの効果

　ファシリテーションを実践すると、次のような効果が期待できます。「チーム」や「組織」の中で働く、一人ひとりの力を引き出していくことができるようになります。上司と部下、同僚の「縦」と「横」の上下左右の関係に対して、風通しがよいスムーズな流れをつくりだし、コミュニケーションが強化されるため、早期に問題解決ができるようになります。チームのメンバーが目標を共有し、同じ方向に向かって仕事を進めていくことができるようになります。チームを円滑に運営することで、成果というかたちで結果が出るため、チームのモチベーションに好影響を与えます。時にはメンバーの考え方が異なり、ぶつかりあって、感情的な話し合いになることもあるでしょ

う。しかし、その**対立こそが関係性を変化させる**のです。議論のなかで、感情的になりそうなところを整理し、うまく話し合いをまとめていくと、話した内容が整理され、その結果メンバーの気持ちも整い、新しい考えが生まれることがあります。**対立関係を昇華して、新たな次元での合意形成に至ることができるのです。これこそがファシリテーションの効果**といえるでしょう。

　ファシリテーションを実践することで、一時的な対立があったとしても、「共感」と「理解」「納得」をして、合意形成した結果が「成果」というかたちになるのです。摩擦（コンフリクト）があっても、適切なファシリテーションによって相乗効果に生まれ変わり、その結果職員の個性が育ち、自律性が育まれるなど、ヒューマン・ケアの現場にとっての大きなメリットにつながっていくのです。

4.看護職・介護職のメリット

　看護職や介護職の多くは、「病院」や「介護施設」という組織の中で仕事をしています。「部」「課」さらには「チーム」に所属して仕事をしています。**ファシリテーションを実践することで、部署やチームの活動を円滑に進めていくことができる**というメリットがあります。

　また、ファシリテーションを行うことで、質的な負担を減らすことが可能になるため、ストレスマネジメント上も効果があります。問題解決に取り組むことで、職員の自信が高まります。自信は満足度を高め、ストレスを減らしていきます。

　さらに、問題解決への取り組みを効果的に行うことによって「成功の確率」が高まります。その結果、医療・介護職の「モチベーションの向上」にもつながるのです。一人ひとりのモチベーションが高まることにより、組織全体のモチベーションが向上します。こうして、現場の一部署で始まったファシリテーションの試みが、組織全体の活性化につながっていきます。

　ぜひ、ファシリテーションを活用して、まずは身近なチームのモチベーション向上につなげていただきたいと思います。そのことで、よりよい環境でケアの仕事ができるようになり、質の高いサービス提供を可能にし、利用者の満足度を高める効果につながっていくはずです。

5.本書の全体構成

　本書は、福祉、看護、医療、カウンセリングなどのヒューマン・ケアに関わる方にむけて「ファシリテーション」の手法を解説しています。組織やチームで抱える問題を統合的にとらえて関係調整をはかるスキル・技法を身につけたり、問題解決に関わる理論や、その有効な実践方法をわかりやすく習得できる内容になっています。

　具体的には、次のような構成になっています。

　序章では「ファシリテーション」とは何かについて説明しています。本書でフォーカスされる職業領域は、対人援助職（ヒューマン・ケア）の仕事です。特に、看護職や介護職向けのファシリテーションにフォーカスをあてています。

　第1章では、チームの「場」の雰囲気やチームをいかに活性化していくかを解説しています。例えば、会議の「場」をデザインするためには誰を参加させることが効果的なのか、ロの字型、円卓型、複数の集団に分けた会議にするかなど、レイアウト、参加者、テーマなどについてデザインしていく方法などを解説しています。

　第2章では、関係調整（対人関係）のスキルを取り上げています。コミュニケーションスキルの重要性と効果的なコミュニケーション手法を紹介しています。また話す、伝えるといった基本的なプレゼンテーションの技術についてもふれています。

　第3章では構造化のスキルに焦点をあてています。問題は何かを考えて、原因を深く追究して、対策をたてていくための方法論をわかりやすく説明しています。

　第4章では、第1章から第3章までに行ったファシリテーションによる「合意形成」に導く方法論について記述しています。

　最終章の第5章では、第1章から第4章までの「4つの方法」をうまく活用していく実践的な方法について、具体的な事例をもとにケーススタディを行っています。

02図 本書の全体構成

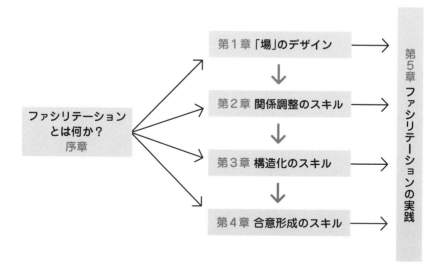

6.「ファシリテーター」の定義

　本書では「リーダー的立場の人がファシリテーターの役割を担う」と定義しています。医療・介護施設などでは、リーダーという役職はなくても、その場や状況に応じて担当者がリーダー的立場を担い、指示を出したり申し送りをしたりすることがあります。つまり、職員の誰もがリーダーシップを発揮して、実質的にファシリテーターの役割を担う可能性があります。**ファシリテーションは現場の誰もが活用できるスキル**です。したがって、正規職員、非正規職員にかかわらず、すべての方にファシリテーション技術を学んでいただきたいと願っています。

03図 本書の概念図

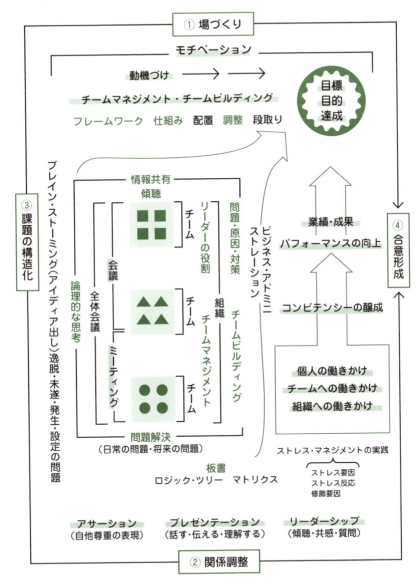

①〜④ファシリテーション　ファシリテーターの役割
緑字　緑アミ　リーダーの役割

第1章 「場」のデザイン

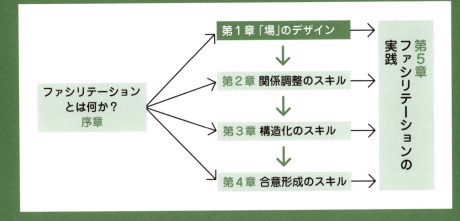

第1講 チームという「場」を活かす

Point

- 「チーム」とは目標を共有し、同じ方向に向かって力を合わせて前進する人材の集合体である
- チームには「体質」があり、成果に直接結びつく大切なものである
- チームの「体質」はメンバーの「意識」「思考」「行動」などによって作られる
- メンバーの「意識」「思考」「行動」はリーダーの「考え方」「価値観」「人間性」に大きな影響を受ける

「チーム」とは何か

　対人援助（ヒューマン・ケア）の仕事は「チーム」で取り組みます。「チーム」は職員一人ひとりの人材の集合体です。"群衆"や"集団"とは異なります。目的がバラバラで集まった集合体は"群衆"と呼び、同じ目的をもっていても方向性や考え方がバラバラな集まりは"集団"と呼びます。同じ目標を共有し、同じ方向に向かって力を合わせて前進し、一人では達成できない成果を生み出すのが「チーム」です。言い換えれば、「チーム」の活動に期待されるのは、構成員個々の力の合計以上の成果を生み出すことといえます。

　「チームビルディング」（チームづくり）とは、職員一人ひとりを活性化させてチーム全体の力を高めていくことです。通常、「チーム力」を発揮して成果を上げ続けているチームには、高い能力をもったリーダーが存在しています。リーダーのチームマネジメントやリーダーシップにより「チーム力」は向上していきます。

医療・介護施設においても、リーダーの役割の重要性は変わりません。しかし、リーダーがその場にいないときは、職員一人ひとりがリーダーの役割を担い、指示を出したり支援（ヘルプ）を求めたりする必要があります。チームとしての力を発揮するためには、メンバーそれぞれがリーダーとなる自覚をもつことが重要です。

チームの「体質改善」とリーダーシップ

チームには「体質」があります。「チームの体質」は成果に直接結びつく大切なものです。日頃の良質な食生活が人間の身体を健康な体質に改善していくように、「チーム力」を向上させるには、チームの体質を改善する習慣を身につけることが重要です。

体質は、「意識」と「思考」（考え方）と「行動」（躾）などによってつくられています。メンバー一人ひとりの「意識」が変わり、「思考」や「行動」が変化すれば、チーム全体の「体質」が変わります。**業績の良い「健康的な体質」をもっている組織は、メンバー一人ひとりが体質改善につながる「意識」をもって「思考」し、「行動」をしています。**これが成果を上げ続けているチームの特徴です。

では、メンバーの「意識」「思考」「行動」を変えていくには、どうすればよいでしょう。まず必要になってくるのが、リーダーの振る舞いです。困難な状況に遭遇したときに、解決に向けた行動として何がベストな対処なのかを自問自答し、上下左右に話をして課題解決に向けて働きかける役割を担うのがリーダーです。リーダーの「考え方」や「人間性」「価値観」「行動様式」などは、他のメンバーの価値観や行動様式に影響を与えます。ひいてはチームの体質にも影響を及ぼし、最終的には組織の業績や成果にも反映されます。企業では、組織全体の業績が著しく低迷しているなかで、特定のチームだけが突出して高い成果を上げ続けている場合があります。それは、チームのリーダーが強いリーダーシップと人間性、行動様式により高い目標意識をもち、それがメンバーの意識や行動に変化をもたらしているからです。

チームの体質改善には、リーダーの力だけではなく、メンバー側の要素も重要です。長く成果の出ていないチームにすばらしい才能を持ったメンバーが一人入ったとしても、ほとんどの場合、チーム全体の体質に飲み込まれて力を発揮することはできなくなります。どんなにきれいな水でも、濁った水

と混ぜれば濁り色に染まってしまうのです。水の濁りを取り除くには、2つの方法があります。一つは、人材の交替（異動）によってメンバーの新陳代謝をはかること。もう一つは、リーダーの辛抱強い働きかけによって「意識」を変えたメンバーの数を増やすことです。どちらの方法をとるにせよ、「信念」や達成しようとする強い気持ちをもったメンバーの数が、ある一定の割合を超えたとき、チームは劇的な変化をとげるといわれています。チームのリーダーは、まずそのことを理解しておくことが必要です。

医療・介護現場で質の高い「場」をデザインする

　リーダーはより高い成果を上げるチームや組織を作る「体質」に改善することが重要で、そのためには「場」（チームの雰囲気・状態）をデザインすることが欠かせません。「場のデザイン」とは、現在の状態をよりよいものにするために必要なことは何か、足りないものは何かを考え、必要な取り組みを行うことです。医療・介護現場での実践においては、チームが支援している利用者のために、メンバー一人ひとりが「自分たちがさらにできることは何か」「よりよい支援を行うために必要なことは何か」を考えて、克服すべき「課題」を見つけ出すことが出発点となるでしょう。課題解決のために必要な取り組みを、リーダーとメンバーが共に実践することで、チームの成長は飛躍的に促進されます。求められる成果について考えるような「場」ができれば、チームは一人ひとりの力の合計以上の質の高いパフォーマンスを発揮することができるようになります。

1-01図 ファシリテーションの流れとチームの変化

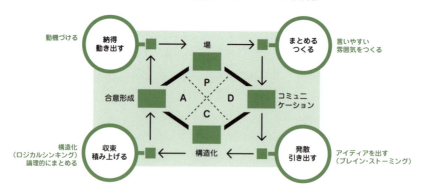

このように、成果の出るチームではリーダーがファシリテーターとなり、メンバーに対して強いリーダーシップを発揮しています。さらにリーダーが不在のときにもメンバー一人ひとりがリーダーと同様の自覚をもって考え、動けるようになると、チームに活気が生まれ、メンバーの能力が十分に引き出されていきます。リーダーの考え方や方法論などが良い意味で感染していけば、メンバーは自然と動機づけられ、思考と行動が変化し、成長していくのです。

　最後に本講のまとめとして、体質が「良好」なチームと「悪化」しているチームの特徴を整理しておきます。

体質が良好なチーム（場の状況に応じてみなリーダーになれる）
1. 目標が共有できているため、同じ方向に全員で向かっている
2. お互いに尊敬し、助け合いができている
3. 「事実」と「意見」の違いを理解してホウ・レン・ソウ（報告・連絡・相談）ができている
4. 誰の責任かの「責任追及型」ではなく、なぜ起こったかという「原因追究型」のチームになっている
5. 正しさの追究をする「批判的吟味」ができる
6. 日に何度も立ち会議が開催されている
7. 上司・リーダーの立ち居振る舞いが尊敬できる

体質が悪化しているチーム
1. 目標を共有することができず、それぞれが考える方向性が異なっている
2. 個人主義で一人ひとりが自分の仕事をこなしており、お互いを助け合う姿勢がない
3. 感情論で意見をぶつけ合うことが多く、論理的に冷静に話し合うことができない
4. 問題が発生したら、まず誰がやったのか責任者を追及し非難する
5. 「立ち会議」の場がほとんどなく、発言する人はいつも同じ人である
6. 上司・リーダーの立ち居振る舞いが尊敬できない

第2講 チームビルディング

Point

- チームビルディング(チームづくり)を行ううえで重要なのは「目標の共有」と「方向性の一致」である
- 真の問題点を解決したとき、チームは大きく成長する
- 問題解決のためには、考え方の道筋をしっかりたてることが重要である
- チームを成長させるには「仕組み」づくりと「調整」が重要である
- 「仕組み」づくりとは組織構成と各メンバーの役割を決めること、「調整」とはチーム内の制度やルールをつくることである

チームビルディングと問題や課題への対処方法

　チームビルディング(チームづくり)を行ううえで重要なことは「目標の共有」と「方向性の一致」です。目標が共有され、目指す方向性が一致していることが、良いチームをつくる第一条件になります。

　チームづくりを行うプロセスのなかで、ハードルになることのひとつに「意見の対立」があります。この意見の対立が「感情の対立」へと発展していかないように、リーダーとメンバーは自覚と配慮をしていくことが大切です。具体的には「誰が良いのか」そして「誰が悪いのか」ではなく、「何が正しいか」という視点を常にもって、冷静に「意見の違い」や「考え方のズレ」を追究していく姿勢をもつことです。そのためには、「物事の本質」を見失わない冷静で客観的な論理性と洞察力が必要です。つまり「問題の本質」を見極める高度な思考技法とスキルが必要になります。**「真の問題点は何か」を知り、真の「原因」を追究し、必要な「対応策」を考えて解決に**

至ったときに、チームは大きく躍進し成長します。

チームビルディングにつながる問題解決の方法を略述すると、まず**問題とは「あるべき姿」と「実際の姿」との「ズレ」**です。「あるべき姿」とは目標、基準、標準、管理項目のことで、「実際の姿」とは実績、到達点、現時点の状態、取り組み具合です。その両者の間に「ズレ」が生じているというのは、逸脱、未達成という問題が起こっているということです。この「ズレ」に対して、どのように対処していくか。例えば日常の問題を考えるとすれば、事実を診断して、問題を明確にし、その原因を追究して対策を行います。このとき留意すべきなのは、「将来の問題」の視点が意外に見落とされがちなことです。「このままの状態が続くと、将来このような問題に発展する」という視点です。あるいは論理的思考技法による問題解決法として、複眼思考によるアプローチで問題に対処するといった方法もあります。（具体的な問題解決技法は第3章で詳しく解説します）

問題解決のためには、解決に至る正しいプロセスを理解し、それを確実に実行していくことが重要です。正しいプロセスとは、意思決定において「選択」をする際に、考え方の道筋をしっかりたてておくことです。個人的な感情やまわりに流されて偏った見方や考え方をしていては、正しい判断はできません。成功の確率の低い方向に組織やチームを導いてしまう可能性があります。スキルが高く、優秀な精鋭が集まったチームでも、冷静な判断で意思決定ができなければ、目標達成は難しいでしょう。間違った意思決定をして「未達成」「失敗」に終わることがないように、特にチームリーダーは問題解決技法を十分に理解しておくことが重要です。

"仕組み"づくりと"調整"

「合意形成」や「関係調整」を進めていく上で大切なことがあります。チームは目的があって結成され、運営されています。やるべきことがあって、それを効果的に実践できるように人員を適材適所に配置しています。**チームの強さというのは、"メンバーの個人技"ではなく、総合力の問題です。チームとして「総合的な力」を発揮できるよう、効率的に動けるような仕組みをつくり、結束力を高める働きかけをすることが「チームづくり」を進めていく上でのポイントです。**リーダーの手腕や戦略が決め手になります。良いメンバーが集まらないからこの組織はダメと愚痴を言っているようでは、「成

長していくチームづくり」ではできません。

　では、チームを成長につなげていくために必要なことは何か。それは次の2つです。一つは「仕組み」づくり、もう一つは「調整」です。仕組みづくりとは、チーム内の組織をつくること、仕事量の最適な配分と役割の明確化のことです。一方、調整とはチーム内の制度をつくること、チーム内の運用を円滑にすることです。具体的には次のような内容があげられます。

◉仕組みづくり

　チーム内の仕組みづくりとは、縦の「ピラミッド型」の組織構造にするのか、それとも横の「フラット型」の組織構造にするのかを決めることです。

　仕事量の配分と役割の明確化とは、メンバーの誰にどのような仕事を担当させるのかを決めることです。適材適所であることが重要で、メンバー1人ひとりの特性を見極めることが大切です。知識やスキルだけでなく、潜在的な能力といえる価値観や、モチベーションなども関係します。キャリアプランとして専門性をめざすのか、それとも総合職をめざすのか、本人の適性と志向なども考えておく必要があります。

◉調整

　チーム内の調整とは、チームパフォーマンスを生み出し、円滑なコミュニケーションを可能とする体制づくりのことです。メンバー同士をうまく連携させ、協力体制をつくるために、職場の制度を充実させることです。具体的には、ホウ・レン・ソウという「報告・連絡・相談」といったルールや、指示や支援などのサポートに関するルールづくりをある程度決めておくことです。情報の共有化を進めていくために、チーム内でどのような方法を用いるのか、そのためのルールを作っておくことも大切です。

　チーム内の運用の円滑化とは、運用の手順・方法について誰もが円滑に作業できるよう「標準化」することです。制度を整えたら、それを実際に運用していくために「標準化」して、生産性を高めるための強力な仕組みとしていきます。

　こうして仕組みをつくり、調整をして「場のデザイン」をすることが、職場のよりよい雰囲気づくりにつながります。

1-02図 チームビルディング(チームづくり)

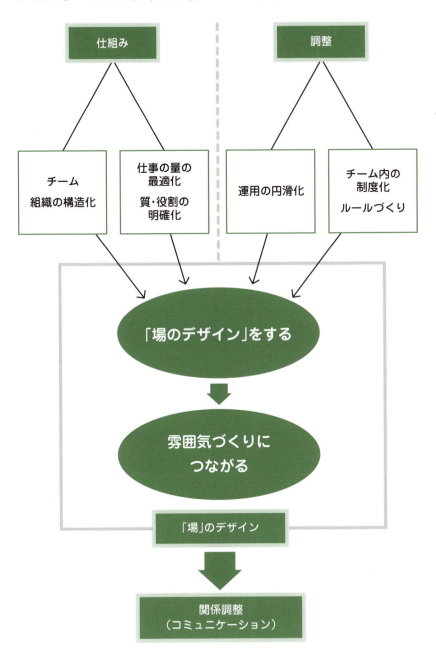

第3講 場の雰囲気の向上と労働生産性

Point
- 職場の雰囲気を向上させるには3つのポイントがある
- チームは時間を経ると知識や経験が蓄積し、専門的スキルが向上する
- 長期間同じメンバーで仕事をすると、組織の「老化」が起こることがある
- 小売業の「労働生産性」は医療・介護の世界では「サービスの質」に該当する
- 場の雰囲気の向上は労働生産性(サービスの質)を高めるのに役立つ

職場の雰囲気づくりの重要性

　職場の雰囲気を向上させるにはさまざまな方法があります。その中でも重要と考えられることは3つあります。**1つは情報共有化ができているという意味の「風通しのよい組織」**。次に話がしやすい場をつくるという意味で、立ち話や雑談も含めた**「意見交換の場」**があること。3つめに自由な発想で意見が言えるという意味で**「批判的吟味ができる」**職場です。こうした「場」をつくるために、日頃から組織やチームのコンディションを「健康診断」することで、組織・チームの「老化」や「更年期」、「硬直化」を防ぐようにしていくことが大切です。

　一つのチームが時間を経ることによって得られるメリットは、知識や経験の蓄積と専門的なスキルの習得といわれています。それらの蓄積によって、仕事を効率的・効果的に推進できるようになります。固定されたメンバー間で、お互いの役割や作業に対する理解が深まり、いわゆる「アイコンタクト」や「あ・うん」の呼吸で効果的に連携することができるようになります。このようなチーム全体の「仕事の効率化」と「仕事の質の安定化」が

「和」を強化させ、仕事の質を高めていきます。

　一方で、長期間にわたって同じ職員同士で仕事をしていくと、組織の「老化」が起こります。メンバーの専門性が高まるのはよいのですが、各メンバーの視野が狭くなるという裏面もあります。また、「既得権益を守る」「自己保身を優先する」という動きが出てくる可能性があります。そうなると、チーム全体の力を高めようという気運が失われます。議論も新鮮味を失い、ワンパターン化してきます。人脈が固定化され、判断や行動の決定の際に「前例」や「慣行」といったものが優先され、変化に対応しきれなくなります。こうして、時間の経過による仕事の効率化や安定化というメリットが生まれる一方で、組織の「硬直化」や「老化」といったデメリットが生じてしまいがちです。

　このような状態を引き起こさないためには「メンテナンス」が必要になってきます。ＰＤＣＡサイクル『**Plan（計画）→ Do（実行）→ Check（検証）→ Action（修正行動）**』を取り入れ、常に新鮮に仕事に取り組むことができるよう、日頃からリーダーはチームの状態をまめに「診断」し、修正を施してチームの価値観そのものが時代錯誤になっていないか、ときどきチェックしてみることが必要です。そうしたことを可能とする雰囲気づくりは、チームの「硬直化」や「老化」を防ぐことに役立ちます。

チームの雰囲気を「チームの活性化」につなげるポイント

　メンバーが固定化することは、必ずしも悪いことばかりではありません。同じメンバーで仕事に取り組むことにより、効率的に多くの経験や知識が蓄積されます。問題は、それらが個人の内部に留まってしまうことです。個人に蓄えられた貴重な経験や知識を、うまく広げて活用していくことが、チームの活性化につながっていきます。

　このテーマは決して簡単なことではありませんが、リーダーはメンバーの経験や知識、情報などを集めて、チームの目的に合わせて再編集することを心がけます。メンバーそれぞれが蓄積した経験や知識を洗い出し、一覧できるように「見える化」を行い、メンバー間で共有するとともに、よりよい方法を求めてディスカッションを行います。いわば、共有した経験知を資源として、新たにチーム起こしを行うのです。今までとは違った見方や新たな発見が生まれることで、チームは刺激を受け、ほかのチームとのライバル意識

や創造性を取り戻すきっかけになります。

小売業の世界観を病院や介護施設にあてはめて考える

　ここで、雰囲気づくりの重要性と「場」をつくるデザインを小売業の世界で考えてみます。小売業（店）の世界では「労働生産性が高くなければダメ」といわれます。小売業にとって、「場」（＝店舗）の雰囲気はそのまま「利益」につながりますので、雰囲気づくりができていないと「労働生産性」の低下につながります。どれだけ「良質な人材」を集めても、いきいきとした職場で仕事の楽しさ、厳しさ、面白さを通じて、働いている人が夢中に仕事をしている姿がお客様に伝わらないと、生産性の低下を招きます。

　病院も同様ですが、小売業では労働生産性の3分の1ぐらいが平均賃金といわれています。例えば、年間600万円の労働生産性の店であれば、平均人件費として支払える額は600万円の3分の1で200万円前後ということになります。年間3カ月分をボーナスと考えると、月に13万円強しか払えないことになります。これでは有望な人材はなかなか集まりません。賃金向上のためにも、労働生産性の向上は必須の達成課題なのです。

　小売業における売場の目的は利益を出すことです。それでは、売場で利益を出すためには、どんな努力が必要なのでしょうか。端的にいえば、労働生産性を高めるために、人が働きやすい雰囲気づくりをすることです。それは店の雰囲気が顧客が店を選ぶ際の判断材料になっているからです。小売業の場合、1－03図のような重点管理項目を設定し、利益を高める努力をしています。同図では、小売業の重点管理項目を医療・介護分野の項目に対比させてみました。

　病院や介護施設における労働生産性とは、サービスの内容のことです。小売業での利益を高める努力は、医療・介護の世界においてサービスの質を高める上で参考になることがあるはずです。1－03図に掲げたような重点管理項目に留意して「場」の雰囲気の向上に努めることが労働生産性（サービスの質）を高めるという原則は、業種を問わず普遍的にあてはまることだと考えられます。

1-03図 小売業(店)の重点管理項目と医療・介護分野の比較

小売業(店)	医療・介護分野
原価を抑える努力	可能な範囲で経費削減
商品・原価・費用 無駄なロスを防ぐ努力	無駄な時間、無駄な経費、質の低いサービスをなくす
5W2Hの視点 いつ・どこで・誰が・何を・どのように・いくらで・誰と	求めるサービスを適切なタイミングで提供
経費削減の努力	費用対効果の視点
商品回転率向上の努力	サービスの回転率向上、待ち時間短縮、ベッドの回転率、

1-04図 場の雰囲気づくりの3つのポイント

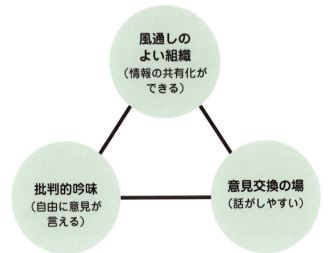

第4講 マネジメントに活かすファシリテーション

Point
○マネジメントを行う際に重要なのは、Plan、Do、Check、Actionの4つの視点である
○Planとは、明確な目標を共有し、計画をたてること
○Doとは、計画を実行し、進捗管理すること
○Checkとは、目標と実際の姿との差を把握し、原因追究をすること
○Actionでは、ヒト、モノ、カネ、情報といった経営資源を確認する視点をもつ

マネジメントにファシリテーションを活用する4つの視点

　病院や介護施設の「場」をデザインすることにより、患者・利用者にとっても、よりよい雰囲気をつくることができます。例えば、病院の待合室の椅子の配置・並び方ひとつをとっても、患者や利用者がお互いに向かい合って座ることがないようにレイアウトするだけで威圧感をやわらげることができます。
「場」の雰囲気をつくることで、仕事のパフォーマンスにもよい影響がもたらされます。一般的に、質の高いパフォーマンスを発揮できる職場は「雰囲気」がよいといわれています。「明るく」「楽しく」だけではなく、意見交換が闊達で、よい意味で議論ができます。このように、職員が生き生きと、時には楽しそうに仕事ができるのは、「マネジメント」の力が大きく関係しています。
　マネジメントとは、①「職務管理」、②「組織管理」、そして③「自己管理」の3つの管理を指します。これらが仕事をするうえでの「場」をデザインし、「場」の雰囲気を創り出しています。ここでいう「場」とは、「会議・

ミーティング」の場、「外来待合室」の場、「夜勤」の場、「診察室」の場、「会計」の場、「休憩・休息室」の場、「病室・居室」の場、仕事以外の時間で「コミュニケーションをはかる場」などです。

　それらの「場」をデザインしていく際に特に重要なのは、4つの視点をおさえておくことです。具体的には、**①明確な目標の共有と計画立案（Plan）、②その実行と進捗の管理（Do）、③あるべき姿と実際の姿との差を把握し、ギャップの原因を追究（Check）、④その上で対応策を遂行し、結果を確認（Action）**。この4つの視点は、いずれも経営管理の質を高めて強化していくうえで欠かせないものです。リーダーを含めた管理者は徹底してこれらのマネジメントを遂行することです。チームの体質改善につながり、メンバーの方向性（ベクトル）を合わせ、組織力（チーム力）を高めていくことが可能になります。以下にそれぞれの視点について解説します。

①明確な目標の共有と計画立案（Plan）

　明確な目標を掲げて、皆でその目標を共有することが重要です。例えば、外食産業では各店舗で朝礼時に「社是」や「理念」「企業目的」を復唱しています。お店の目標と個人の目標を発表して確認をしあいます。常に目にとまるところに「社是」「理念」などを貼って、企業目標や目的、理念などを行動の拠りどころ、意思決定の原点にしているのです。病院や介護施設でも同様のことを毎朝行って効果を上げている組織やチームも多いかもしれません。目標をどのように設定して、コミットメントさせていくか。これは管理者やリーダーの力であり、「真価」が問われる部分です。明確な目標を共有し、計画をたてること。これが組織やチームをファシリテートする上で大切な基盤となります。

②実行（Do）

　明確な目標を共有し、計画をたてたら、次は実行をしていく段階に入ります。実務としては、計画と実施のズレがないように進捗の管理をしていくことが必要です。このときにマネジメントが重要になります。先述した①「職務管理」と②「組織管理」、さらに③「自己管理」の3つの管理について進捗をみていくことです。その際には、メンバーの体調が崩れていないか、疲れはでていないかなどもしっかり観察しましょう。心身ともに健康であるこ

とが大切です。

　実行している段階では、小さな成功体験があれば、その成功を喜ぶような声かけなども、雰囲気づくりには有効です。もし、メンバーが戸惑っているような場面があれば、誰の意見や誰のやり方を参考にすればよいのか、リーダーだけでなくメンバーが相互にアドバイスできるとよいでしょう。

③結果の確認（Check）

　結果の確認とは、業務の実施が計画に沿って行われているかどうかを評価することです。
「目標（あるべき姿）」と「実際の姿（実行した結果）」との差を理解することで、問題把握と原因追究をすることができます。これが経営管理の質を高めていくことにつながり、ひいてはリーダーと職員一人ひとりの仕事の質を高めていくことになります。「問題」を理解して、計画を実行できるようにするためには、①のところでも挙げた目標をメンバーと共有し、コミュニケーションの機会を増やし、「目標やビジョンを自分の言葉で語れること」が重要になります。

　例えば、メーカーは製造した商品を販売し、売り上げて利益を得ます。「利益」を高めることで、国や地域に納税という貢献をすることができます。別の観点では、利益を出せたら取引先の企業への発注を増やすことができ、好循環がうまれます。また雇用が増えて従業員の給料が上がるなど、目標を達成することが「よいこと」につながります。こうした内容を自身の言葉でわかりやすく、部下やメンバーに伝えて説明し、理解をさせていくことが大切です。

　めざすべき目標やビジョンが明確になっているほど、目標と実際の姿のズレを評価しやすくなります。

④対応策の遂行（Action）

　対応策の遂行とは、実行した結果が計画に沿っていない原因を踏まえて、改善に向けた取り組みを行うことです。そして、現実を目標に近づけていくためには、その結果を確認することが大切です。

　その際には、経営資源を確認する視点をもって行うこと、具体的には、ヒト、モノ、カネ、情報、時間、知識、技術という経営資源を確認します。

ヒト（人）という資源は、組織にとっての大切な財産であり、人材を育てて「人財」としていくことは、経営資源を高める努力といえます。目標に対する実行の結果、人材が育ったのかどうか、ヒトという経営資源をみればわかります。

　経営資源としてのモノ（サービス）とは、消費者に提供する商品の価値のことを指します。看護や介護というサービスは、経営資源の中ではモノ（サービス）に該当します。目標に対する取り組みにおいて、価値の高いサービスを提供できたかどうかを確認します。

　カネという資源については、費用対効果、経費の削減、人件費などのお金に関する資源を確認します。

　情報という資源は、コミュニケーションを含めた情報の共有のことを指します。コミュニケーションの充実は組織にとってプラスの効果につながります。目標に対する取り組みの結果、コミュニケーションがより豊かになったか、共有される情報量が増えたかを確認します。

　同様に、時間、知識、技術についても、実行のなかで有効に活用できていたどうかを確認します。そのような視点で病院や施設の中での実行の結果を確認していくことが大切です。

1-05図 マネジメントを行う4つの視点

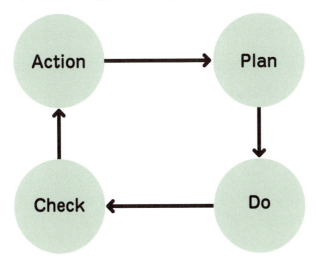

第5講 成果につなげる会議のあり方

Point
- 会議は組織（チーム）の活力を映す「鏡」である
- 多数決は「合意形成」ではない
- 「結論」が決まっている会議や、"鶴の一声"でくつがえる会議は排除しよう
- 会議はコンピテンシー（能力）を磨き上げていく場でもある

会議の重要性

　会議はそれぞれの組織の「今の活力」を映しています。いってみれば、会議は組織（チーム）の「鏡」です。

　会議は開けばよいというものではありません。誰も発言をしない沈滞した会議、成果を生まない会議は、参加者の貴重な時間を奪い、結果的に組織の活力をも奪います。

　反対に、闊達に意見交換が行われる会議からは、素晴らしい意見やアイディアが生まれる可能性が高いでしょう。それは、会議の「場」のデザインが優れているからです。**会議の場が病院や施設の「質」の向上を加速させるきっかけにもなるのです。職員達の貴重な「時間」と「空間」を共有する会議は、成果を生み出す「創造の場」でなければなりません。**

　そのためには、まず「無駄な会議」を排除し必要な会議だけに絞っていくことです。現場で求められているのは「必要な話し合い」と「価値を生みだす会議」です。長年の慣習や組織文化に縛られ、決まった曜日と時間に会議が行われているとしたら、その会議は果たして利益（価値）を生んでいるのか、それとも奪っているのかを客観的に考えてみることも必要です。

会議は「意思決定の会議」や「情報共有の会議」など、1つの目的だけで開かれることは少なく、複数の目的をもって開かれることが一般的です。そのため、会議の開催にあたっては、事前に会議の目的と当日のアジェンダ（議題）を明確に示すことが重要です。

多数決は「合意形成」ではない

「多数決」でものごとを決定する会議があります。これは本当に最善の決定方法なのでしょうか。会議では、多数決で決めてよい場合と、そうでない場合があると理解しておくべきです。会議はあくまでも「合意をめざす場」なのです。多数決はむしろ、やむをえない最後の手段といってもよいでしょう。多数決で決めるというのは、無理矢理結論を出したということにもなり、わだかまりが残る場合もあります。

順番に意見を聞くというのも同様です。全員に発言のチャンスを与える意味では有効な方法です。しかし、一人ひとりの意見を聞くとなると、順番が近づくにつれて何を話すかを考えることになります。それでは他のメンバーの発言を傾聴して、人の意見と「結合改善」していくことはできなくなってしまいます。発言をすること自体が目的化しかねません。アイディアとアイディアを結合させ、連鎖反応を起こしてさらによいものにしていく会議ができなくなり、メンバーの創造性を引き出すことが難しくなります。

「結論」が最初から決まっている会議の弊害

はじめから結論が決まっている会議、「多数決」によって決める会議、知恵を絞って考え抜いたはずの結論が一声でくつがえる会議、座席が「役職順」などに決まっている会議、何か意見を言うと吊るし上げられる会議、決まって誰かの独演会になる会議、派閥や確執がはっきりとあらわになる会議、部署間の"力関係"により展開が決まる会議、その場で一番上の役職者のペースで終始する会議など、こうした会議は、とても言いたいことが言える雰囲気ではなく、生産性の低い付加価値を生まない会議です。

いつも発言する人としない人がはっきり分かれている会議では、発言しない人は出席しているだけで、会議に"参加"しているとはいえません。そのような参加者の視線は、ほとんど手もとの資料やメモに奪われているはずです。もしかしたら、眠くて、退屈で、内職（別の仕事をする）していても大

丈夫という会議になっている可能性もあります。また、遅刻者や途中退席者がいる、定刻に始まらず定刻に終わらない、あるいは終了時刻が未定、後味が悪く嫌な気分のまま会議室をあとにすることが多い——。**こうした問題を排除していくために、「ファシリテーター」の役割が重要になるのです。**

会議に期待される成果

　会議には多くの人件費がかかっています。そのことを理解して会議に臨む必要があります。**多くの人が時間と空間を共有する会議ほど、通常業務以上のアウトプットがなければならない**ということです。会議に期待される成果を参加者全員が認識していなければいけません。主な会議を目的別にみてみると、次のようになるでしょう。
　①情報交換・情報共有の会議
　②問題・原因追究・対応策（解決）立案の会議
　③意思決定の会議
　①の情報交換・情報共有のためにわざわざ会議を開くというのは、どうでしょうか。開催すべきかどうかを検討してみることが必要です。時と場合によっては有効なこともありますが、運営さえ間違えなければ、業務のブリーフィング（状況報告、打ち合わせ）や立ち会議などでも価値ある情報を共有でき、成果を得られます。

　問題は本当に"情報交換"になっているかどうかです。本人は情報提供しているつもりでも、実のところ誰もそれを受け取っていなかったり、単なる世間話に終わっている場合もあります。情報提供者は、状況報告に併せて「何が成果に結びついたか」「どんな問題や課題が見つかったか」を中心に、飾らず、端的に話すことです。**相手が欲しがっている情報を要領よく伝える"要約力""表現力""伝達力"などのスキル（コンピテンシー）が求められます。**アメリカの看護管理者協会では、これら3つのコンピテンシーを教育項目に盛り込んでいます。

　会議はこのような能力を磨き上げていく「場」です。また情報を受信する側の能力も磨くことができる場になります。情報に無関心な人は「情報感度」が鈍いため、ファシリテーターは会議を参加者が業務活動に必要な情報を貧欲に探る姿勢を育んでいく「場」にすることが大切です。

　また②の問題解決の会議では、アイディアをいかに引き出すかが鍵になり

ます。問題解決の会議には、1）問題を設定する、2）問題を分析（原因追究）する、3）解決策を考える、というプロセスが含まれます。問題解決のためには、アイディアを出しあって、シナジー（相乗効果）という思いもよらなかったアイディアが湧き出すような創造的コミュニケーションが展開されるのが理想です。そのためにファシリテーターが重要な役割を果たすことになります。

　③の意思決定を目的にした会議は、その決定によって重大な影響を受ける"利害関係者"すべてを参加させることがポイントです。必ず全員が集合すべきという意味ではありません。なんらかのかたちで"参加"してもらうことが大切です。また、重要な決定ほど全員が納得する合意形成をめざすことです。"コンセンサス"のための会議体としてベストな結論を導き出すことが、ファシリテーションのポイントです。「なぜこの会議を開いたか」を考え、優れた意思決定の実施が会議体の責任であることを自覚させることが重要です。

1-06図 会議の質を高めるファシリテーション

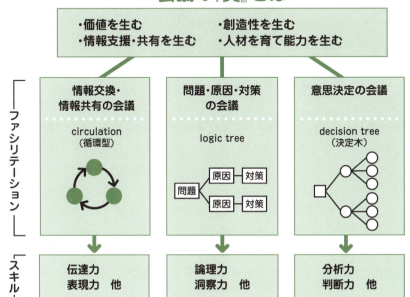

第6講 会議の場のレイアウト

Point

○会議では「場のレイアウト」も重要である

○会議は「付加価値」を生み出すための場である

○会議で対立的な状況になったときは「共通点」や「接点」を見つける

○アメニティ(快適さ、心地よさ)への配慮は雰囲気づくりに有効である

○少人数の会議では目線や距離も重要なポイントである

会議では「場のレイアウト」も重要

　ファシリテーションについて、「会議の方法」や「会議の進め方」というイメージをもっている人が多いかもしれません。もちろん、会議の進行もファシリテーターの重要な役割の一つです。しかし、進行の前に会議の「場」をどのように設定するのか、**「場のレイアウト」**をすることもファシリテーターの役割としてとても重要です。具体的には**「机」**や**「テーブル」「椅子」「プロジェクター」「スクリーン」**などを会議の種類と目的に応じて配置することです。

　10名以上の人数で議論をする会議、2〜3名程度で行われる打ち合わせやミーティング、部や課で行われる勉強会や研修会。それぞれの**目的や人数に応じて机などの配置を変える**ことが大切です。目的や人数に応じて配置を変える工夫をすることで、スムーズに進行でき、話し合いも集中して行えるようになります。これが会議の「質」を高める一つのポイントです。病院や施設によっては、立ちながら行う「立ち会議」が開きやすいように工夫をしています。立ち会議用のスペースにはマーカーが置いてあり、テーブルや壁

1-07図 配置の種類と目的

講義型	ロの字型	島型	円卓型
目的：講義型では一方向での講義やプレゼンテーション発表等、研修会に向いている	目的：少人数でのミーティングや報告、連絡事項の伝達、勉強会に向いている	目的：グループワーク、演習実習などの勉強会、ケーススタディ等の議論に向いている	目的：役職や立場をこえて対等に議論し意見交換する際に向いている

も書くことができる素材になっていたりします。

このように「会議」や「打ち合わせ」でアイディアの発散をするために、自由闊達に意見が出しやすい環境や雰囲気をつくる工夫が大切です。目的に応じた机や椅子の配置例は図のとおりです。

参加者の会議への関心度・満足度を高める

会議はある目的を達成するために、仕事の時間を割いて多くのスタッフが集まるものです。したがって、**会議は「付加価値」を生み出すための「場」である**といえます。**会議の参加者はそうした「心がまえ」をもって、準備をして参加することが大切**です。たとえば発言者に対してよい聞き手になること、誰かが発言しているときは意見に耳を傾けて注目すること、他のメンバーの助けになる情報は率先して提供することなど、会議に参加するにあたっては、このような心構えが大切です。また、数多く意見を出し合って新しい創造的なアイディアを引き出すときには**「ブレイン・ストーミング」**を用いることがあります（具体的には第8講で説明します）。

こうして、会議では多くのアイディアを出しあって、アイディアの質を高めていきます。アイディアの「結合改善」をしていくことで、参加者の関心

はさらに高まっていきます。

衝突・対立を避ける方法

　議論の展開によっては、**会議で対立的な状況になるときがあります**。そのようなときには、どのように進めていけばよいでしょうか。ファシリテーターにとっては難しい舵取りが求められる場面ですが、そのようなときは**慌てずに「共通点」や「接点」を見出す努力をファシリテーターや他の参加者も行う**ことです。全員が会議の雰囲気づくりに貢献する心がまえをもって参加することが重要です。

　出席者に参加意識をもってもらうために、積極的に「声かけ」をして、**発言を促すことも大切**です。また、**コスト意識をもって時間に限りがあることを全員で認識して進行する**ことも忘れてはなりません。

　会議をよりスムーズに進めていく工夫をいくつか紹介します。欠席者が出た場合、空席をつくらずに席をつめ、全員がホワイトボードの近くに寄るようにします（空席は緊密な雰囲気を壊してしまうことがあります）。会議の冒頭では適度なアイスブレークをいれるとよいでしょう。定刻どおりに始めて、遅刻者が入ってきても「おさらい」はしないようにしましょう。コーヒーブレークなどホッとできる気分転換の時間をとることで、脳の活力が蘇ります。その他、**アメニティ（快適さ、心地よさ）への配慮としては、部屋は狭すぎず、広すぎず、常に換気ができ、雑音が少なく、適度に明るい**といった条件を考慮するとよいでしょう。

少人数の会議のポイント

　医療・介護施設では患者や利用者に対して多職種が関わっているため、異なる職種間で打ち合わせを行うことがあります。また、上司と部下との話し合いでは、特に評価面接などでは真剣に議論し、時には厳しいことを言わなければならない場面もあります。このような話し合いでは、対決的な「場」にならないようリラックスできる工夫をしておくことが大切です。

　テーブルを挟んで真正面で向き合うのは「対決のポジション」ともいわれます。1時間この座り方で対峙していると、互いに緊張を強いられ、かなり疲れます。特に双方の親密度が低い場合、部下は「蛇ににらまれた蛙」の心境になるかもしれません。座席を少しずらして斜めの位置になるだけで、緊

張感はぐっと和らぎます。適度に視線をはずすことのできる、斜めの位置取りを基本にしましょう。直角に位置取りするのも悪くありません。特に一つの資料をいっしょに見る場合などは好都合です。ただし、この角度は距離感に配慮が必要です。離れすぎていると、互いに違う方向ばかり見ている"疎遠"な関係になりがちです。逆に近すぎると、居心地の悪さを感じる部下もいます。少人数の会議においては、目線や距離は重要な要素です。

1-08図 少人数の会議のレイアウトのポイント

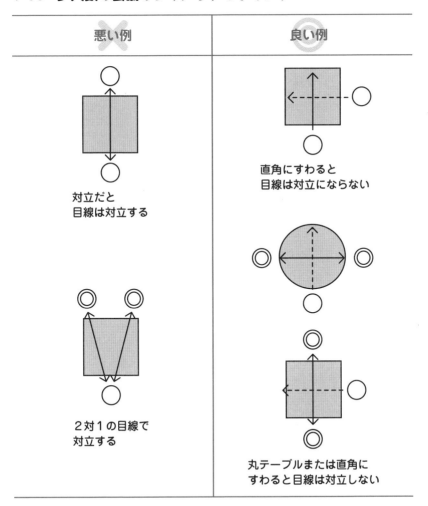

第7講 会議における役割分担

Point
- ファシリテーターは参加者を会議に集中させ、導く役割を担う
- ファシリテーターはリーダー以外の人が務めてもよい
- リーダーとメンバーにはそれぞれ役割がある
- 会議における「板書」(ホワイトボードの活用)にはさまざまなメリットがある
- 効率的・効果的な会議運営には一定の流れがある

ファシリテーターの役割

　会議において、ファシリテーターの役割はとても大切です。本書においては、**ファシリテーターはリーダーが担うだけではなく、その場の状況でリーダー的立場をとる人も含めて考えています**。実はこの想定は重要で、会議の場面においても、ファシリテーターをリーダー以外の別の人があえて行うことで、よい効果をあげる場合があります。

　会議の進行中に参加者の誰かが突然、策動発言(議論から飛躍した発言)をしたら、ファシリテーターは本筋からズレないように軌道修正をして、元の論点に戻すようにします。今日の話し合いでは何を検討し、何を意思決定するのか、参加者を会議に集中させて導いていく役割を担っています。

リーダーとメンバーの役割

●リーダーの役割

　リーダーは、自身もメンバーと同じく、コンセンサスづくりに参加します。リーダーは会議体の責任者ではありますが、ファシリテーターが進行管

理しているあいだは、意見の重みはほかのメンバーと同じです。ただし、お手本になる発言を心がけていくことが大切です。コンセンサスに至らない案件については、基本的にはリーダーが判断を下すことになります。そのとき、なぜその案を選んだか（根拠）を説明することが重要です。リーダーの判断理由に説得力があれば、それがチームの合意になるからです。

●メンバーの役割

　メンバーは「いま自分たちのためのコンセンサスづくりに努力しているのだ」という強い当事者意識をもつことが必要です。主役であるメンバー全員が心得ておくべきコンセンサスづくりのためのガイドラインを以下にまとめてみます（このとき、リーダーもメンバーの1人であることを忘れてはいけません）。

- 自分の意見や立場に固執しない。
- 立場を変えて考えてみる。
- 勝ち負けを前提としない（ウィン・ウィンをめざす）。
- 見解の違いを自然なものとして受け入れる。むしろ、相手の理解を深めるためのよい機会ととらえる。
- 代替案は「まだ他にもある」と常に考える。
- 自分の主張を押し通す根拠があるか、常に自己評価する。
- みんなが納得できる案が見つかるまで協力しあう強い意志をもつ。
- 相手を説き伏せるのではなく、傾聴することにエネルギーを使う。

「板書」の重要性　意見を書き出し、共有化をはかる

　ホワイトボードへの「板書」は情報共有化には欠かせないアイテムです。発言をただちにホワイトボードに書き出す作業が、会議の効率と効果を高めます。その際には、みんなに見えるような字の大きさで記録をとります。それによって「話し合いの焦点」が明確になります。また、いま議論の対象になっている話題に全員の注目を集められるのが板書の利点です。ホワイトボードに記録をとることによって、参加者が手もとの資料やメモに視線を落とすことなく、全員が同じ方向を向いて議論を進めていくことができます。なお、板書を行う「書記」役は、ファシリテーターが兼ねてもよいですし、他のメンバーが務めてもかまいません。（ホワイトボードの活用については第25講も参照）

第7講　会議における役割分担

板書の利点（メリット）

◉「考えること」に集中できる
　参加者は記憶をする必要がなく、考えることに集中できるという点で板書は優れています。飛び交う言葉のすべてを記憶するのは困難です。書記が板書をして書きとめてくれることで、余計なエネルギーを記憶に使わずに議論の流れに集中することができます。

◉意見の重複を防ぐ
　2度、3度と同じ内容の発言を繰り返す人や、他人の意見を聞きもらしたために同じ意見を言う人がいます。そんなときにファシリテーターは、「それは先ほど出ましたように…」「それはこういうことでしたね」とボードを指し示すことで、流れを説明することができます。会議では進行についていけずに"迷子"になったり、先走ったりする人が出るものです。板書はいま何を話し合っているか、どのような意見が出されているかを示す道標の役目をします。

◉参加意識が強まる
　自分の発言が霧散していくことがなく、板書により文字化されるため、自分の意見が尊重され認められたと感じることができ、参加意識が高まる効果があります。

◉チームの意見として共有される
　ボードには発言者の名前は書かず、内容だけを書くようにします。意見が次々と書き出されるうちに、どれが誰の意見かわからなくなってきます。その匿名性により、「誰々のアイディア」ではなく「我々のアイディア」というふうに、チーム内で共有されることになります。

◉インスパイア（触発・喚起）される
　書かれたアイディアを視覚でとらえることで、アイディア同士の関連が発見され、触発されて新しい発想が生まれるということが起こります。

◉達成感が得られるetc.
　議論の成果が目に見えるので、達成感を味わうことができます。また、決定事項や役割分担を確認でき、行き違いを防ぐことができます。その他、書かれるという意識を持つことで、発言者の表現が明解になるというメリットもあります。

1-09図 会議の中の役割（メンバーの1人がファシリテーターを務める）

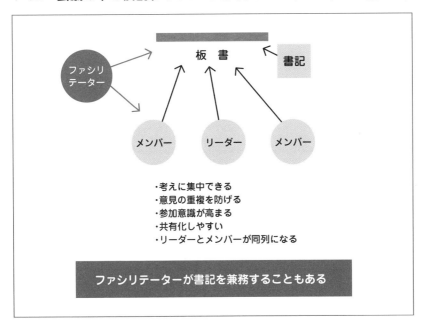

- 考えに集中できる
- 意見の重複を防げる
- 参加意識が高まる
- 共有化しやすい
- リーダーとメンバーが同列になる

ファシリテーターが書記を兼務することもある

1-10図 効率的・効果的な会議運営のしかた

何を議論するのか明確にし続ける	●会議の目的を事前に周知する ●アジェンダ（議題）に目的を明確に記す ●ホワイトボードで可視化する
会議の内容を構造化する	●フレームワーク等を活用してモレがないか確認する（ロジックツリーやピラミッドストラクチャーなど） ●ただし、ブレイン・ストーミングには適用しない
全体で共有する	●合意形成に向けた話し合いをする ●全員一致は難しいが、総和を意識する

第8講 会議の種類・段取りとブレイン・ストーミング

Point
○ 会議にはさまざまな種類と目的がある
○ 会議の段取りを整理しておくことでスムーズな運営が可能になる
○ ブレイン・ストーミングは「場の雰囲気づくり」に有効である
○ ブレイン・ストーミングには4つのルールがある

会議の種類と目的

下の図に会議の種類と目的、その進行形式についてまとめました。日頃の会議について、**種類、目的、運営スタイルを把握し**、集まりがどのような目的で、どのような名称（月例会議、朝礼、企画会議、部門長会議など）がついているのか確認しておきましょう。

1-11図 会議の種類と内容

	会議種類	内容	方式／特徴
会議	連絡・伝達	連絡事項・決定事項の伝達確認	一方通行、短時間
	問題・課題解決	問題の明確化、課題解決の対応策の検討	参画型、長時間
	調整・確認	意見調整、スケジュール調整確認	参画型、数時間
	決定・結論	組織的な意思決定の必要性の検討、意思決定・決断	参画型、数時間〜長時間
研修会	講義型	一定の時間内に知識や情報を伝達	一方向講義
	実習型	実習を通じて技術指導	実習指導
	ケーススタディ	議論を通じて問題を明確化、解決策を導き出す	演習・参加
	アイディア創出	新しいテーマを検討し、アイディアを創出 議論によって方向性を導き出す	グループディスカッション
	混合型	講義型と実習型、ケーススタディで問題解決	双方向型

ファシリテーターには、限られた時間で会議の目的を達成していく段取り力が求められます。以下に会議の段取り（手順）と運営のポイントをまとめてみましたので参考にしてください。段取り書内のポイントは、一般的な内容を紹介しています。組織の状況に応じてアレンジしてください。また、その組織特有の習慣や、自分が日ごろ心がけていることなどを臨機応変にプラスしておくと、より効果的です。

1-12図 会議の段取り書（例）

○ 事務局の役割
● ファシリテーターの役割

	項目	内容	役割
会議前日までの段取り	目的把握	・運営目的、運営方式、参加対象者、人数、会場選定 ・備品の準備…マイク、プロジェクター、PC、ホワイトボード枚数、OHC、モニター、DVD等確認	●
	対象人数	・対象の部署　対象の人数確認、場所の確認	○
	場所の確認	・場所の確保と食事準備等の確認	○
	参加者への事前連絡	・参加予定者に、会議等目的を伝達、会場の空き日程の連絡、参加可能日時の確認	●
	開催日決定	・参加者日程確認後、開催日決定	●
	会議室予約・備品準備	・会場へ連絡、正式予約及び備品手配	○
	参加者正式通知	・参加者、目的、日時、会場（案内図）、依頼事項（資料作成や提出期日、役割分担など）を文書（メール）にて連絡	● ○
	事前準備	・初めての会場の場合は事前視察 ・交通機関（代替機関）、周辺環境、建物内での留意事項（空調設備、喫煙ルール）確認 ・進行の流れ（アジェンダ）、印刷資料（予備1～2部）、ネームプレート（必要に応じて）、その他備品準備 ・席次表準備（必要に応じて）	● ○
会議当日の運営	会場セッティング	・準備時間より早めに会場に入る ・プロジェクターやPC、座席、配布物、飲料などのセッティング ・机の配置、見えにくい箇所の確認	● ○
	案内	・席次が決まっている場合は、席次案内	○
	進行	・施設案内（喫煙、化粧室、飲料）伝達 ・会議責任者、進行担当へ進行を任せる ・会議での決定事項、決定したことの対応を役割分担	●
	議事録メモ	・書記担当者は議事内容のメモ	○
	後片付け	・机と椅子の原状回復、使用機材の返却、ゴミ、電気空調確認 ・忘れ物等の最終チェック ・会議室の管理責任者に報告	○
終了後	議事録	・書記担当者は議事録作成（フォーマットを活用） ・議事録をメールにて配布（PDFなど）機密情報や個人情報等の確認	○
	振り返り	・個人またはメンバーで運営上気付いた点の振り返り ・今後に生かす「会議段取り（手順）書」に記載	○

場の雰囲気づくりに効果的なブレイン・ストーミング

ここでは、「場の雰囲気づくり」に効果を発揮するブレイン・ストーミングについて、ポイントを整理します。
①少人数の集団技法でアイディアの連鎖反応を起こす
②発想思考で積極的にアイディアを出す
③多くのアイディアを出すことにより質を向上させる
④４つのルールを守りながら進める

ブレイン・ストーミングの「４つのルール」

批判は厳禁──連想を生み出すために批判は一切しない
自由奔放──常識、先入観にとらわれないで自由に楽しく、笑いも必要
量を求める──量が質を生み、質が量を高めていく
複数の意見を結合する──他人のアイディアを数多く借用する

ブレイン・ストーミングの進め方

1 リーダー・サブリーダーの役割

- ブレイン・ストーミングを行う前に、あらかじめテーマを検討して、４つのルールを確認する
- 自由でリラックスできる雰囲気をつくる。時には笑いやユーモアも交えて
- 批判をする人がいたら、うまくおさえる
- 同じアイディアが２回以上出ても受け入れる
- 他人のアイディアからの連想、借用、結合改善を奨励する
- アイディアが出にくくなったら、新しい視点やヒントを与える
- 出されたアイディアをもとに連想のガイドをしていく

2 セクレタリー（書記）・メンバーの役割

- 書記はなるべく発言通りに書き、字はメンバー全員が見える大きさで書く
- ２枚目の用紙に移っても１枚目が見えるようにする
- 他のメンバーのアイディアを良い刺激として受け入れていく
- テーマ解決に向けて、積極的にアイディアを出す
- 他のメンバーから出たアイディアをさらに良いものにするよう心がけて意見を出す

3 発表者の役割(アイディアを発表するプレゼンテーション)
- 指定の時間内に発表ができるように要点をまとめる
- 聴衆に対してアイコンタクトをとるようにする
- 最初に「よろしくお願いします」、最後に「ありがとうございました」と挨拶する
- 発表者はメンバーの1人にタイムキーパーを依頼し、発表終了〇分前の合図をしてもらい、完璧なプレゼンテーションを心がける

　このように集団でアイディアを出し合います。それによって連鎖反応や発想の誘発をおこすことができます。人数は5名～10名程度で行い、できれば奇数の人数であることが望ましいでしょう。(多数決になったときに決を採ることができるからです)。

　ブレイン・ストーミングはアイディアを多量に生み出すときに役立ちます。また多数のアイディアを整理するための方法としては、KJ法などを用いて、似たもの同士をグルーピングしていくと、効率よく整理することができます。

　以上がブレイン・ストーミングの進め方です。ファシリテーターは、このような会議の手法、運営方法を理解して心得ておきましょう。

　医療・介護の忙しい現場では、会議でじっくりと時間をかけてディスカッションをすることは少ないかもしれません。一人でも多くの職員の手を借りたい状況である場合は、立ちながら話し合いをする「立ち会議」が有効です。特に申し送りのときなどは、椅子に座らないで立ちながら、誰から誰に伝えるか、連絡ノートや口頭でどのように伝えられるかを工夫して考えることです。メモの活用でもいいでしょうし、あるいはホワイトボードに書き込む、ポストイットで伝えるなど、情報伝達と情報共有の方法を工夫しましょう。何人のスタッフが関わっても、誰もが同じように対応でき、同じことが伝わって共有されている。それが毎日、質を落とさずに再現できるようになる。そうした優れた情報伝達・共有を実現するためには、ファシリテーションの技術を活用することが有効です。

第2章 関係調整のスキル

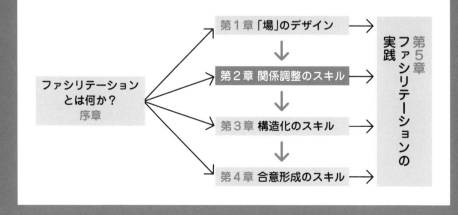

第9講 チームを目標に向かわせる基盤づくり

Point
- チーム力の強化には3つのポイントがある
- リーダー、マネジャー、ファシリテーターの役割を理解する
- リーダーはチームの「ベクトル合わせ」を行う
- 分業のメリットとデメリットを理解する

チームの「課題」を明確にして全員で共有する

　問題、課題を明確化することの重要性については既に述べてきました。課題が明確になっていないと、チームはどのように動いていったらよいのか、どのように対応していったらよいのかがわからず、暗中模索になるからです。さらに軸がぶれて、成果に結びつかないムダな動きをしてしまうかもしれません。チーム力の強化につながるポイントは次の3点です。

①チームの最終目標（月・年の最終目標）の共有
②そのための当面の目標（たとえば日々の目標など）の共有
③当面の目標達成のために、チームがやるべきことの共有

　①はチームがめざす"ゴール"です。②はそのための"当面の目標"です。③がチームが取り組むべき"課題"になります。リーダーの力量が問われるのは、目標を達成するために何をするべきかを考え、合意形成を行い、メンバーに実行させていくことです。制度・ルール化をして仕組みを整えても、運用が硬直化すれば自由な発想、創意工夫といった余地が奪われること

があります。そうならないようにするためには、常に「場」のデザインの原点に立ち返り、「目標」の明確化とその「管理」を行うことが重要です。

リーダーとマネジャーの違い

"リーダー"と"マネジャー"の違いにはさまざまな定義がありますが、代表的なものとして、次のようなものがあります。

　　リーダー：進むべき道を切り開き、方向を指し示す人
　　マネジャー：日常の仕事において、業務と人を管理する人

　しかし、現実的には多くの現場では、リーダーはマネジャーとしての役割も兼務し、激務に追われています。先々の計画を立てながら日常業務をこなし、メンバーに指示を出し、問題が生じればそのつど対処している毎日だと思います。目標管理やＯＪＴ（On the Job Training）を進めながらメンバーを動機づけ、時には個人的な相談にものらなければなりません。リーダーといわれる人の多くが、このような日常を過ごしているのではないでしょうか。**ファシリテーターの役割とは「組織やチームの活動を円滑に促進させる人」**です。言い換えれば、ファシリテーターにはマネジメント要素が含まれています。したがって、**ファシリテーターを担うリーダーはマネジャーの役割をよく理解しておく**ことが大切です。

チームを目標へと向かわせる"ベクトル合わせ"

　リーダーとは「方向を指し示す人」。この定義には、重要なメッセージが含まれています。それは、**常に先を見通して、メンバーに対して"方向づける"働きかけを決して忘れてはならない**ということです。"方向づけ"のことを"ベクトル合わせ"とも言います。その意味を改めて考えてみると、ベクトルは力の「大きさ」と「向き」で成り立ちます。複数の力を合わせた向きが同じであれば、合わせた分の力で目標に近づくことができます。もし、それぞれの力の向きがずれていれば、同じ力を発揮しても、なかなか目標に届かない可能性があります。方向づけをせずに、「もっと頑張れ！」と叱咤激励することはナンセンスです。方向づけができなければ、メンバーがどんなに頑張っても、チームの成果には結びつきません。メンバーの努力も報われず、メンバーにもチームにも不幸なことです。方向性に迷いがなく、メンバーが存分に力を発揮でき、その結果がチームの成果に確実につながる。そ

第9講　チームを目標に向かわせる基盤づくり

ういった**道筋をつくり、支援するのがリーダー（ファシリテーター）の役割**です。

分業のメリットとデメリット

　チームにおいては仕事の配分や役割分担のしかたなども重要です。チームとしての総合力やメンバー一人ひとりのモチベーションが大きく変わってきます。チーム（組織）内では何らかの分業が行われていますが、分業には大きく分けて２つのタイプがあります。**１つは、主に「考える」仕事と、主に「実行する」仕事に分ける「垂直分業」**です。仕事のやり方を決めたり企画したりと、もっぱら「考える」人がいて、それにしたがって「実行する」人たちがいるという構図になります。分業の**もう１つのタイプは「水平分業」です**。たとえば製造工程で〈部品加工〉→〈組み立て〉→〈仕上げ〉→〈検査〉といった具合に分業されているような場合です。

「垂直分業」といっても、**実際には考える仕事も実行もするプレイングマネジャーのような人**もいます。**垂直、水平の混合タイプの分業もあります**。医療・介護施設などはまさに、混合タイプの分業スタイルがとられていることがほとんどでしょう。

　分業のメリットとしては、分業を徹底すると担当ごとの専門スキルがどんどん高まり、効率化を図ることができます。さらに「細分化」を進めると、専門性が必要な部分と初心者でもできるような部分に分けることができ、より低コストでその工程をまかなえます。一方、デメリットは、メンバーの専門化が進むにつれ、視野が狭くなって自分の作業以外に対する意識が薄れ、工程間の利害対立が生まれることなどが懸念されます。特に細分化しすぎると、チーム（組織）に対する自分の貢献度が実感しにくくなるといわれています。特別養護老人ホームなどは多くの場合担当制をとっており、部分的には複数担当制となっています。細分化されているために、自分の貢献度が実感しにくいと感じる場面もあるのではないでしょうか。

モチベーションの低下を防ぐ２つの方法

　分業は仕事の効率性を高める有効な方法ですが、一方で**分業化を進めすぎると意欲低下につながる**ことがあります。極端な「垂直分業」の例ですが、もし「何も考えずに体を動かせ」といわれたらどうでしょう。自分の頭で考

え、判断する余地を奪われたメンバーは、おそらく仕事への関心や意欲が失せてしまうでしょう。「水平分業」でも細分化された1つの仕事だけをやり続けるのはつらいものです。「小さな歯車」意識が強まるでしょうし、いつまでもスキルアップの望みがなければ、仕事に打ち込む意欲は薄れます。こうしたモチベーション低下を防ぐには、次の2つの方法が有効といわれています。

○**職務拡大（ジョブ・エンラージメント）**
○**職務充実（ジョブ・エンリッチメント）**

　職務拡大とは、横断的スキルを身につけさせ、権限も与えていくこと、つまりメンバーの仕事を水平方向へ広げることです。職務充実は、垂直方向に仕事を広げることです。「実行」だけでなく、「考える」仕事、たとえばシフト管理、企画、進行管理、そして結果にも責任をもたせるようにしていきます。分業のメリットとデメリットを理解したうえで、仕事と役割を配分し、さらに職務拡大、職務充実を図っていくことが大切です。

"横断的スキル"を身につけさせる

　分業化・細分化を進めることによるデメリットを補う意味で、複数の領域をこなせる"横断的スキル"をもったメンバーを育成することが大切です。横断的スキルを身につけたスタッフがいると、どこかで不具合があったときにカバーできるだけでなく、「変化に強いチームづくり」が可能になります。製造現場などで進められている「多能工化」も横断的スキルを身につけさせることと同じです。特にチームの要になると思われるメンバーには、ジョブローテーションなどを通して、広い視野と横断的なスキルを身につけさせるべきでしょう。

2-01図 リーダーとマネジャー

リーダー	「進むべき道」を切り開き方向を示す	相互理解
マネジャー	日常の仕事における「業務」と「人」を管理する	

チーム目的 — チーム課題 — チーム目標

第9講　チームを目標に向かわせる基盤づくり

第10講 協働型チームをつくるコツ

Point
- これからのチームづくりには「協働（コラボレーション）」の考え方が重要になる
- 協働（コラボレーション）型チームを作るには、リーダーの覚悟と新しい組織風土づくりへの意欲が問われる
- 協働（コラボレーション）型チームの特徴はメンバーが「受け入れられ、生かされている」と感じられることである
- チーム内のコミュニケーションには情緒的コミュニケーションと課題的コミュニケーションがある

個性を認め、個性を生かす

　よりよい医療・介護施設にしていくためには、メンバーの育成は優先度の高いテーマです。必要とされるスキルが多様化し、画一的な指導や育成のしかたでは立ち行かなくなり、ますます育成指導は難しくなってきているといわれています。若い世代の加入により、これまでつき合ったことのないような、よい意味での才能や個性の持ち主がメンバーに加わるかもしれません。「これまで通りの育て方」という感覚だけで接することができない場合もあるでしょう。

　協働（コラボレーション）とは、本来、異才どうしが共演することで「新しい何か」が創造されるという期待が込められた言葉です。 メンバーの個性や才能がぶつかり合って、新しいパワーが生まれるようなチームを目指したいものです。

　チーム内のコミュニケーションは、手間や時間、労力や根気を必要とすることが多いものです。人の話をよく聴くことは、相当のエネルギーを消費し

ます。自分の考えやアイディアを整理して他者に伝えることも同様です。その意味で、**コミュニケーションはコストを伴う活動**です。**コミュニケーションをよくするためには、コストがかかっている**ことを自らがしっかりと理解しておくことが重要です。

会議はどこの組織でも頻繁に開かれています。会議は複数のメンバーが時間を割いて参加し、組織内の各種のコミュニケーションが凝縮されたものですから、当然のことながらコストがかかっています。チーム内での会合はチームづくりの基本ですが、コストがかかっている分の元のとれるものに仕立て上げなければなりません。

異質な集まりでのチーム実現に向けて

医療・介護施設という職場のなかで、たとえば異質な個性をもっている、あるいは異質な才能を備えているというのは、受け入れがたいものでしょうか。それとも、仕事さえしっかりやってもらえたら関係ないものでしょうか。結論から言えば、異質なものをすべて排除していては、この変化の時代を乗りきることはできません。これまでは、チームを「丸くおさめよう」とか、リーダーがコントロールしやすいようにと、個性や才能の一部、場合によっては大部分を切り落としてきた可能性はないでしょうか。**これからは、人の才能という貴重な資源を最大限に生かす、本来の意味での協働型チームが求められます**。リーダーの覚悟と、新しい組織風土づくりへの意欲が問われるところです。

大切なのは、メンバーが自分の個性や才能が生かされていると実感できることです。多彩な個性が集まり、互いにその個性を認め合えるチームとは、どのようなものでしょうか。自分の個性や才能が受け入れられ、生かされる組織というのは、メンバーにとって大変魅力的です。おそらく次のような感覚をもって、チームで働くことの喜びを感じることでしょう。

- チームのメンバーであることに誇りを感じる
- チームの中で仕事をしていると元気になれる
- メンバーやリーダーから学ぶことが多い
- 自分を成長させてくれるチームである
- チームが実力以上のものを発揮できる「場」のような気がする

第10講 協働型チームをつくるコツ

- ●自分はチーム(メンバー、リーダー)に支えられていると思う
- ●自分はチーム内での役割を果たし、貢献していると思う
- ●チームの利益は自分の利益だと思える

　異質な個性の持ち主が複数いる場合、なかなかリーダーの思い通りにできないこともあるかもしれません。しかし、リーダーにとって「やっかいなもの」を切り捨てるチームづくりから、「異才を認め、生かしきる」チームづくりへと姿勢をシフトすることは、時代の要請といえます。これからのリーダーは自らの受け入れ容量(キャパシティ)を広げる取り組みに挑戦してみましょう。

情緒的コミュニケーションと課題的コミュニケーション

　チームづくり、チーム活動では、チーム内でコミュニケーションをとることが欠かせません。コミュニケーションには「情緒的コミュニケーション」と「課題的コミュニケーション」の2種類があります。チーム活動では、両者は密接に関連しています。リーダーは、これらを適切に使い分ける必要があります。

①**情緒的コミュニケーション**

　チームをつくり上げる(チームビルディング)際に役立ちます。また、メンバーとの関係づくりにも役立ちます。日常的には**挨拶、激励、感謝、褒める、喜びの伝達などポジティブなもの**と、逆に**注意や叱責などネガティブな情緒的コミュニケーション**があります。適時、的確に用います。

　メンバーのアイディアや意見の引き出しには、ざっくばらんな雰囲気づくりが役立ちます。批判を差し控えるように申し合わせたブレイン・ストーミング、おしゃべりミーティングなどは気安さが強調されることから、メンバーも乗りやすく、議論を楽しむことができます。このタイプの会合や議論は「拡散的思考」を促進させます。思いつきの発言が許容されるために、議論がどんどん広がっていきます。論理性は問われません。とても盛り上がった印象をもつことができます。

②**課題的コミュニケーション**

　チームの課題の明確化や連携相手との関係づくりに役立ちます。日常的には**質問、確認、指摘、指示、具体化、文章化、あるいは説明などのコミュニ**

ケーションです。仕事について分析的に考え、提案や行動計画を練り上げ、説得力を持たせるために不可欠です。

ブレイン・ストーミングなどの拡散的思考によって出された意見やアイディアを何らかの形で生かしていくためには「収束的思考」が必要になります。つまり、それらを論理的に構造化し、文章化や図解をすることが不可欠です。課題的コミュニケーションはそうした際に役立ちます。

課題的コミュニケーションはメンバーに求める場合と、リーダーが行う場合とがあります。課題的コミュニケーションなしには会議にかける資料を作成できませんし、他部署やリンケージ相手、顧客や取引先にアイディアや企画を提案できません。目標や計画を作る際にも、この収束的思考が必要になります。意図的に、戦略的に構造化してまとめていくことが求められます。リーダー（ファシリテーター）はそれらを促進させていく役割だと認識してください。

2-02図 2つのコミュニケーションの特徴

情緒的	課題的
拡散型思考	収束型思考
・ブレイン・ストーミング ・自由な討議 ・発想的 ・創造的討議	・重要型 ・緊急型 ・批判的討議 ・論理的思考

情緒的コミュニケーション、課題的コミュニケーションのいずれも情報の伝達だけではなく、お互いを理解しあい、「心」や「気持ち」が通じあい、「意志」が通じあってこそ、初めてコミュニケーションが成立したといえます。つまり、情緒的コミュニケーションと課題的コミュニケーションはそれぞれに特性がありますが、どちらにおいても根底には相手を思いやる気持ちをもっていることが不可欠です。

第11講 仕事のムリ・ムダ・ムラを排除する

Point
○マネジメントの確認(See)には3つの段階がある
○チーム力の強化には「ムリ」「ムダ」「ムラ」の排除が重要である
○話し合いが「ムリ」「ムダ」「ムラ」を排除する
○コミュニケーションとはこまめな「意見のすり合せ」である

マネジメントの確認(See)の考え方と視点

　マネジメントにおける確認(See)の第1段階は、組織やチームが抱くビジョン、夢、あるいは目標の確認です。ここで目標というのは、単なる数値目標以上のものです。第2段階は、このビジョンを達成するために何をなすべきかを決めることです。しかし、なすべきことと現実にできることとの間にギャップがあるのは当然です。そこで、このギャップを埋めるために、どのようなことをするかが決まります。つまり原因を追究して対策を打つ。これが第3段階です。「何が問題なのか」の早期発見をする。「問題の設定」が始まりであり、この設定が間違えば、後に続く戦略代替案の策定や選択も間違ってしまいます。その意味では、このステージをいかに分析的・合理的に行うかはきわめて重要な事柄といえます。

第1段階　「どのような姿(組織やチーム)になりたいか」
第2段階　「そのためには何をなすべきか」
第3段階　「どのように(やり方・方法で)そのなすべきことを実行するか」

「問題発見」のステージに時間をかけて、その正確さを確認することが大切です。そこで正しい問題が発見され、コンセンサス（合意形成）に達すれば、その後の計画策定と対応策の選択はきわめてスムーズになります。問題発見、原因追究、対策の選択を適切に行うためには、メンバーのスキルが必要です。さらに、リーダーはそれをまとめていくために、チームの内側・外側の両方に向けて効果的なコミュニケーションを展開していく必要があります。これはファシリテーションの実践そのものです。

　上司に向けては、報告や相談、意見具申などを行い、判断に迷ったときや自分で解決できない問題では、上司の判断や力を借りることになります。また、社内の各部署に向けても日頃からネットワークをつくって情報交換を行っておき、いざというときに協力を得られるような態勢にしておくことが関係調整の段階では大切です。

ムリ・ムダ・ムラによる関係調整への悪影響

　リーダー（ファシリテーター）が合意形成に向けて、上記のような「確認」（See）の視点をもつことは、よりよい「場」をつくり、よりよい雰囲気をつくりあげるためにとても大切なことです。確認とは、計画どおりに目的が達成できたかを検証することです。また、確認した結果に不満足ならば、その原因を分析し、もっとよい方法はなかったか、と反省と振り返りをして好循環につなげていくことが重要です。

　結果の出せないチームは非効率な動き方をしています。非効率になるモトを確認して、改善をはかる必要があります。例えば「ムダ」な動き、「ムリ」な行動、「ムラ」等です。ムリ・ムダ・ムラがあると、業務が滞り、チームの仕事が停滞してしまいます。また、重複作業が生まれ、残業につながります。

　関連部署からのクレームが増えてきたら要注意です。そんなとき、往々にして「ミスをした人は誰か」と追及しがちですが、「なぜ」この問題が発生したのか、ムリ・ムダは何かという視点で業務の内容や行為を見直すことが重要です。

　ムラのある状況だと残業が増えて、職員のモチベーションにも影響してきます。不平不満が高まり、チームとしてのパフォーマンスが低下し、チームワークが乱れます。目標の共有化ができず、方向性がバラバラになります。その結果、コミュニケーションが悪くなり、改善意識が生まれにくくなるの

です。ムダが多いチームはコスト意識が低く、責任感が低下します。これは計画（Plan）に起因する場合もありますので、計画の段階でもムリ・ムダがないか、ムラがおこりうる点はないかなどを確認しておくことです。いずれのマイナス要素も悪循環につながる可能性があります。ムダやムリ、そしてムラのない状態で仕事を進めていくことが、円滑な看護、介護業務を支える基盤になります。

　ミスが少なくなると、当然クレームも減るので、会議を開催するにしても最低限の時間や回数ですみます。時間を有効に活用できるため、創造的なアイディアが浮かんできます。良い方向へチームが動きはじめることによって、チームの力はどんどん向上していきます。それによってもたらされた成果が、またさらにチーム力を強化していきます。

「確認」から改善へ　好循環になるデザインを

　コミュニケーションの充実をはかることは、チーム力を強化させるための必須要件です。メンバー間で意見交換をしていくと、意見や考え方に食い違いが生じることもあります。意見の「食い違い」はチームにとってとても重要なものになります。ズレや違いを克服したときに、チームは好循環に向かいはじめるからです。したがって、異なる意見に対しては「食い違い」はどこにあるのかを常に確認し、合意できるポイントを探っていくことが大切です。**コミュニケーションとは、こまめな「意見のすり合せ」**です。

　上下左右のコミュニケーションを円滑にするためには、リーダーとメンバー、メンバー同士、またリーダーとその上司との間での「意思の疎通」が求められます。基本はなんといっても「話し合い」です。業務の繁忙期になると、リーダーとメンバーまたはメンバー同士の話し合いが疎かになりがちです。忙しいときは立ち会議などを活用し、「話し合い」の時間をもつことの優先順位や重要度を高めるように意識することが大切です。リーダーが自分からメンバーのところに積極的に足を運ぶくらいの意識をもちましょう。メンバーもまた、自らリーダーに歩み寄って話をする気持ちが大切です。忙しくても、少しずつ時間をつくり、こうした行動をまめにとっていくことが、確認（See）の「質」を高めます。それはコミュニケーションの土壌をさらに豊かにし、関係調整の強化につながります。

話し合いが「ムリ」「ムダ」「ムラ」を排除する

　日頃からまめな話し合いを継続していくことで、問題や課題への対処を素早く行うことができます。小さな問題を早い段階で解決していくと、この小さな成功体験が確実にチームの自信を高めていき、「力」が蓄積されていきます。そういう土台ができていれば、大きな目標に向かって何か新しいことに取り組む際にも、スムーズに本格的な話し合いの場をもつことができます。日頃のコミュニケーションが十分であれば、話し合いにおいてもそれほど時間をかけずに結論まで到達します。仮に1回で結論が出せなくても、徹底的に話し合うことで次のステップに上がることができます。メンバー全員が「重要な決定に参加できた」「重要なプロジェクトに参画している」という実感をもつことができ、この実感がチーム力の向上に直結する強い関係性をもたらし、合意形成へとつながります。こうした話し合いは、決して「ムダ」ではありません。積極的な投資だと思って「場」を設けていくことが大切です。

2-03図 ファシリテーターのPlan・Do・Seeとムリ・ムダ・ムラの視点

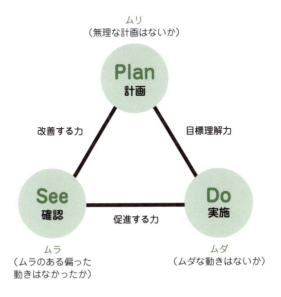

第12講 説得力のある話し方

Point
- ○「説得」には5つのプロセスがある
- ○説得の最終的なねらいは「相手が自分の意志で行動すること」である
- ○「説得力」は3つの要素で構成される
- ○リーダーは「説得業」であり説得力を身につける必要がある

「説得」のプロセス

　物事を論理的に考えて、わかりやすく相手に伝えていく。これは相手を納得させ説得するための大切なスキルです。**説得とは相手を「説き伏せる」のではなく、また議論して「言い負かす」ことでもありません。相手が納得して、"主体的"あるいは"自発的"に動きだすことが大切です。**聞き手が納得をして受け入れていくまでのプロセスは、以下のようになります。

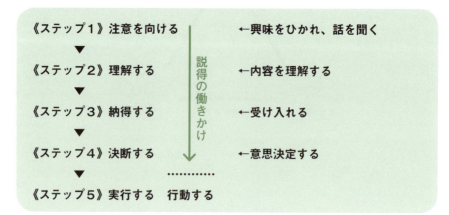

説得の最終的なねらいはステップ5の「実行する」ことにあります。例えば「体重が増えてきています。これ以上体重を増やさないように、食事と運動を心がけてください」という説得をしたとします。この説得に対して、聞き手が「わかりました。食事を制限して、運動をするようにします」と言ったとします。しかし、実際に食事に気をつけて運動をしなければ、説得に成功したことにはなりません。「実行する」のは本人の意志によるものです。そうでなければ強制になります。つまり**説得の真のねらいは「本人の意志で実行する」**ことにあるのです。

　もし、説得が実行に結びつかないとすれば、どこかのステップでつまずいていることになります。例えば、ステップ1からステップ2までは進むけれども、そこから先へ進めないということがあります。あるいは、ステップ3までは進んでもステップ4の決断を渋られるといったこともあるでしょう。「説得できない」ということは、1から4までの働きかけのうち、どこかに弱点があるのです。特に〈ステップ2・理解する〉、〈ステップ3・納得する〉、〈ステップ4・決断する〉の各ステップ間には、説得があまりうまくない人にとって、大きな障壁が存在します。リーダーがファシリテーションを行う目的は、人が効果的に動き、仕事を効率的に進めることです。メンバーが納得感と自己主体感をもって取り組むかどうかは、リーダーの説得力によるところが大きいのです。

説得力を構成する3要素

　施設長やリーダーは「説得業」であるといわれています。では、どうしたら説得力を身につけることができるのでしょうか。説得力は次の3つの要素で構成されています。すなわち、**"説明力（伝達力）" "信用力（信頼・責任感）" "共感力（理解力）"** です。

●説明力

「説明力」とは、説得したい要求や主張をわかりやすく、正確に、そして効果的に伝える力のことです。自分では十分説明したつもりでいても、後で「そんな話は聞いていない」と言われ、トラブルに発展したような場合、相手の非を指摘するのではなく、自分の「説明力不足」が原因であったと "原因我にあり" と考えるほうが建設的です。相手の記憶に残るような説明力が不足していたのです。このような事態を防ぐために、何らかの書面に残す工

夫をすることも説明力を強化する方法の一つです。「説明力」というのは、上記の「説得のプロセス」では、「理解する」「納得する」というステップに働きかけるもので、説得行為の中心をなすスキルです。説明力はさらに論理力と表現力の２つに分解することができます。

◉信用力

　信用される人というのは、本人がそれまで積み上げてきた**信頼関係と人徳、そして実績**を兼ね備えています。それらは本人の価値観を含めて築かれた大切な財産です。これらが「信用力」のベースになります。

「この人の話なら聞いてみよう」という気になってもらえる人徳と信頼関係、そして実績を積み上げていきましょう。「信用力」がまったくなければ、説得のプロセスの最初のステップ（注意を向ける）を踏み出すこともできません。

◉共感力

　人は「共感」がともなっていない「説明」あるいは「行為」については、納得することはありません。「共感」とは、「相手への配慮」という意味でもあります。例えば、介護施設では食事のときに使う前掛けを洗濯し、干す作業があります。ある日、フロアの手すりに乾いた前掛けが30枚干されてあり、外から面会で入ってきた入居者の家族がその前掛けを見かけました。家族が前掛けの前を通りすぎようとしたとき、職員が向こう側から歩いてきて前掛けの存在に気づき、恥ずかしいものを見られたとでもいうように、慌てて畳もうとしました。その光景を見て、入居者の家族は、人手が足りないのだろうと考え、「お手伝いしましょうか？」と言って、職員と一緒に前掛けを畳み始めました。このとき、家族は畳むのを手伝うことについて「納得」をしていたはずです。つまり、この場合、忙しく人手が足りないという状況を「理解」したために、「納得」をして手伝うという行為へ移行できたわけです。この移行には「共感」が大きく関わっています。

「あなたの言いたいことはわかりました。でも納得できませんね」と言われてしまうケースは、共感（相手への配慮）が足りないときに起こるのです。共感の欠如はクレームのもとにもなりますので、注意が必要です。カウンセリング・マインド（第17講参照）を磨いて、共感力を高めましょう。

2-04図 説明・信用・共感のサテライト図

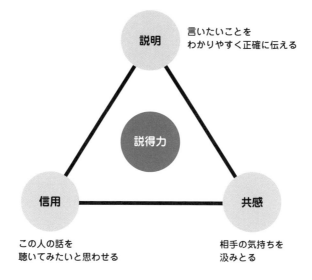

2-05図 説得力のポートフォリオ

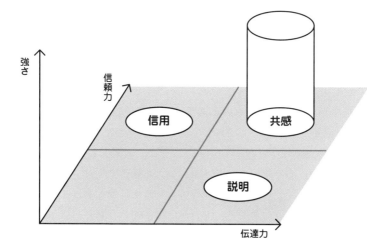

第13講 話す・伝える基本的な技術

Point

- プレゼンテーションとは「話し手」がわかりやすく説明し、「聞き手」を納得させることである
- プレゼンテーションには基本的な技法がある
- パワーポイントに載せる情報は1画面につき1つが原則
- 資料に使う書体や色づかいも重要な要素である
- 話すときの音声コントロールも伝わりやすさを左右する

話し手と聞き手のテーマの共有化をはかる

　プレゼンテーションとは話し手が聞き手にわかりやすく説明し、**納得をさせること**です。聞き手を行動に駆り立て、導いていくために話し、伝える技術のことです。プレゼンテーションには基本的な**「技術」**があります。**話し方、目線の配り方、間の取り方、スライド作成のしかた、構成方法**などです。何度も経験を重ねていくことで、自分独自の表現、企画提案スタイルというものが確立されていきます。さらにそこに**人間的な「魅力」が加わると、聞き手の心に届くプレゼンテーションになります。**

　話し手は、テーマに沿って周到に準備をします。聞き手のほうも、テーマに関する必要な情報を収集して、ある程度の準備と心構えをしたうえで参加をします。プレゼンテーションの場に集まっているのは、テーマに関係している人々です。したがって、テーマに関して、話し手は聞き手に「理解をしてもらう」こと、さらに「納得をしてもらう」ことが大切です。

　プレゼンテーションは聞き手を説得し、納得したうえで行動へと導いてい

くための手段です。業務改善の成果発表や提案発表では、「発表すること」が目的ではなく、聞き手が効果や成果を理解し納得して、自身の業務に取り入れていく、つまり実践してもらうことを目的に説明します。上層部に向けて新たな業務改善案を提案する場合も同様です。いかにして相手を説得し、納得して行動をしてもらえるかが大切です。

> **プレゼンテーションの種類**
> ●顧客への提案(企画の提案、利用者・利用者家族への説明など)
> ●病院・介護施設の職員への説得(業務改善のコンセンサスなど)
> ●上層部に対する提案(業務改善案・許可・支援など)
> ●成果発表・研究発表(改善の成果や研究成果の情報共有化など)

　目的や種類に応じて、プレゼンテーションの強調ポイントは異なります。種類によっては、資料の内容のすべてを説明する必要はありません。大切なのは、聞き手が何について一番知りたいのかというニーズの把握です。聞き手が何を求めているかを的確に理解して、そこにフォーカスをしっかりと当ててプレゼンテーションをすることがポイントです。話の展開、順序も大事で、現状の説明から入ることもあれば、ずばり結論から述べたほうが有効な場合もあります。

　パワーポイントなどのツールを使って資料に載せる情報は、話したい内容を1画面につき1つに絞るのが原則です。情報量の目安は、文字情報の場合は5行～7行。1行あたりの文字数は20字以内におさえます。これが聞き手の情報処理量の最大値と考えてまとめることです。字体は「ゴシック」と「明朝」の2種類で書かれることが多いので、ゴシック体と明朝体の使い分

2-06図 資料作りのポイント

文字情報	1画面5～7行　　1行あたり20字以下 ゴシック体→見せる　明朝体→読ませる
色使い	色を多用しない、白地に強調箇所だけ色づけ 目立たせたい部分には暖色(赤)を使う
グラフ	数字はできるだけグラフ化する 体裁より「言いたいこと」が伝わる工夫をする

けが大切です。それぞれの特徴は以下の通りです。
- ゴシック体は「可視性」に優れている（つまり「見やすい」）
- 明朝体は「可読性」に優れている（つまり「読みやすい」）
- 印象強く、目を引きやすいのはゴシック体
- 正しい意味や内容を伝えたいときは明朝体

なお、パワーポイントではさまざまなフォントが使えるようになっていますので、効果を考えて適宜使い分けましょう。

基本的な技術（プレゼンテーションのスキル）

プレゼンテーションで大切なのは、「理解しやすい」「簡潔でわかりやすい」「印象に残る」の3要素です。発表の内容、構成もこの3つを意識して組み立てます。

「理解しやすい話」にするためには、何を話すのか、はじめにそのテーマを伝えることです。漠然としたテーマを示すのではなく、内容が凝縮されたものであることがポイントです。業務提案などで、例えば「看護チームの引継業務に関して」というよりも「業務引継時における引継書類の改善」と具体的に示すことです。話し手はこれから何について話をしようとしているのか、話の内容と方向性、実効性、利便性等をあらかじめ自分自身がイメージできていると、聞き手も理解しやすくなります。

「簡潔でわかりやすい話」にするためには、典型的な事例などをあげると、聞き手の理解度はさらに向上します。具体例を示すことで、話の内容がイメージできるようになるのです。抽象的な話はわかりにくいだけでなく、印象にも残りにくいものです。このときに大切なのは、聞き手の属性を理解して内容や構成を考えることです。特にキーワードの使い方には配慮が必要です。医療業界以外の人に向けて医療に関する内容をプレゼンテーションする場合、専門用語が頻出する説明では、聞き手は理解できず取り残されてしまいます。その場にいる全員が理解できる言葉を用いて話を進めることが重要です。どうしても専門的なキーワードを使用する必要がある場合は、簡単な解説を添えて説明をすることで、専門的な用語に慣れていない人にとってもわかりやすい発表になります。

最後に「印象に残る話」というのは、決して流ちょうに話をすることではありません。2-07図の4つの要素をうまくコントロールして、わかるよう

に「伝えよう」と話をすることが大切です。そうすることで、聞き手に対してしっかりと伝わる話になるのです。プレゼンテーションをする際には、話の内容だけでなく、声の高さや大きさ、スピード、どこから声を出すかといった音声的要素にも留意することが大切です。そのなかで、心に残る「一言」を添えてみましょう。短い言葉でよいので、聞き手の心に残しておきたい一言をプレゼンテーションの中に組み込むと、聞き手の印象に深く刻まれます。

2-07図 音声のコントロール要素

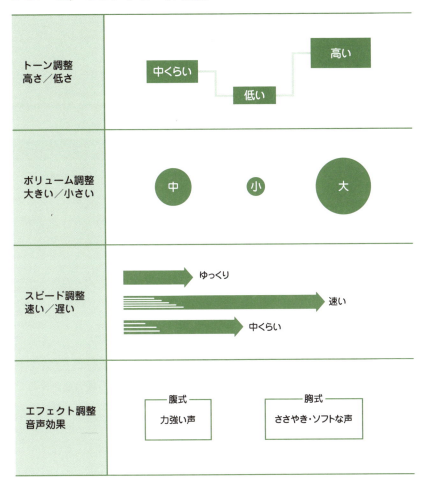

第14講 聞き手の理解・納得・決断を促す話し方

Point
- 「論理の飛躍」があると聞き手の思考が混乱する
- 話の「内容」と「表情」や「態度」に矛盾がないように注意する
- 「信用される話し方」には踏まえるべき原則がある
- 説得には論理だけでなく「共感」を欠かすことができない

論理や表情、態度のズレが思考の混乱をまねく

　話し手自身はわかりやすく話をしているつもりでも、論理的に不連続なことを言っていたら、聞き手は理解ができず納得することができません。この状態を「論理の飛躍」といい、論理的に大事な点が飛んでいることを意味します。聞き手は聞いているうちに矛盾を感じるようになり、ズレが生じた部分の話は、聞いていてわけがわからなくなってきます。

　聞き手の混乱をまねくズレは、話の論点だけではありません。話されている「内容」と話している人の「表情」や「態度」「容姿」が食い違っているときにも、ズレを感じることがあります。理解されやすい話し方、信頼される話し方とは、「内容」と「態度」さらに「容姿」に矛盾したところがないことが条件となります。態度は、顔の表情、視線、動作、姿勢などのことで"身体表現"ともいわれます。聞き手に疑問や不快感を与える態度をとっていないか、同僚や知り合いなどにチェックしてもらい、信用される身体表現を身につける努力をしましょう。

わかりやすく順序だてて簡潔に話す

どんな場面においても、ただ長いだけの話は嫌われます。多少長くても、表現力が豊かで説得力のある話し方や、内容がわかりやすい話であれば、聞き手は耳を傾けます。一般的に、簡潔に短いセンテンスで話をすると、聞くほうが疲れることなく理解しやすいといわれています。

「伝えたことを理解してもらう」ことは単純なことのように思えますが、実は意外と難しいのです。論理的に話すためには、まず論理の飛躍を防ぐこと、ロジックをしっかりと構築して「表現力」をそなえたセンスある話し方を身につけていくことが求められます。また、初対面の場合、話す内容よりも声やイントネーションなど「話し方」のほうが影響が大きいといわれます。

信用される話し方とは次のようなものです。

- 低い声でゆっくり話す
  もともと声の高い人、早口の人も、ここがポイントというところでは低めの声・ゆっくりモードに切り替えます。
- 声は大きすぎず小さすぎず
  声が小さくて聞き取りにくいようではいけませんが、声が大きすぎると高圧的・無神経という印象に映ります。
- 相手の話をよく聞く
  一人でしゃべり続けて会話が成り立たない人は信用されません。相手の話に関心をもって、相づちを打ちながら聞くようにします。

論理と共感

次のケースを読んでください。

事例（説得に失敗した例）

半年ほど前に会社（介護施設）の寮（マンション）で起きた出来事です。マンションは一般の住居と一緒になっています。一般住居である上の階に先週引っ越してきた若者の部屋から、時々カタカタ♪とリズムを刻む音が聞こ

> えてきます。何かなと気になりましたが、頻繁に聞こえてくる音でもなかったので、そのままにしていました。そして数日前、布団に入ると真上から♪カタカタカタカタカタカタとリズムを刻む音が聞こえてきました。夜の11時です。じきに鳴りやむだろうと思って眠りにつこうとしましたが、一向に鳴りやむことがありません。だんだん音が大きくなってくるような気がします。どうもドラムのスティックで床を叩いているようです。「勤務で疲れているので、夜はゆっくり寝たい。ドラム練習は構わないが、夜はやめてほしい」と思い、意を決して会社の総務に相談して、不動産屋に連絡をしてもらいました。返事が数日後にきて、不動産屋いわく、案の定ドラムの練習をしていたとのこと。不動産屋は注意をし、二度としないと約束をさせました。
>
> しかし、今夜、またカタカタカタカタ♪と音がしてきました。「こんなことが続いたらたまらない」と意を決して、直接話をしに行きました。
> 私:「あの、ドラムの練習、夜はやめてもらえませんか、下に響くんですよ。夜にやるのはやめてもらえませんか？」
> 先方:「そんなにうるさいですか？」
> 私:「うるさくて眠れないんですよ。夜に楽器の練習をするのは非常識ですよ。とにかくやめてください」
> 先方:「すみません。わかりました」
> 　音は鳴りやみました。しかし、平穏な夜が続いたのは3日間だけでした。

　ゆっくり眠りたいこの人は、なぜ説得に失敗したのでしょうか？
　話し手は「正論」を言ったつもりです。しかし「非常識」だとまで言われたほうの気持ちを考えるといかがでしょうか。上の階の住人にとって、ドラムは唯一の楽しみだったのかもしれません。それを取り上げられたらどんな気持ちになるか、その気持ちへの配慮、つまり"共感""自他尊重"（アサーションスキル）が足りなかったように思われます。説得のねらいは何だったのか。睡眠の邪魔をされないようにすることです。もし共感の気持ちがあれば、次のような言い方ができたはずです。

「ドラムのリズム音で眠れなくて困っています。私は朝が早い仕事で、夜10時には寝る習慣なんです。10時以降はドラムを叩くのをやめてもらえませんか？」

　つまり、10時までならドラムを叩いてもよいというのですから、相手は

ずっと受け入れやすくなります。下の階の住人がどのように困っているのかも具体的にわかりました。「とにかくやめてほしい」「非常識だ」と言われるのとは、納得感が違うはずです。

> **説得に欠かせない"共感"のポイント**
> 1 説得される"相手の立場"を考える
>   ● 相手の"メリット・デメリット"を考える
>   ● 要求に応じられる範囲を考える
> 2 説得される相手は"どう感じるか"をよく考える
>   ● 不愉快だろうか？　悲しいだろうか？　怒りや憤りを感じるだろうか？
> 3 いま"どう感じている"か、相手の気持ちを感じとる
>   ● 相手の「表情」や「しぐさ」、言葉の端々に注意を払う
> 4 相手の発言によく耳を傾ける、軽視しない
>   ● 相手の発言をさえぎらない、押さえ込まない
>   ● うなずきや相づちを入れながら傾聴する
> 5 相手からの質問には丁寧に答える
>   ● 理解できるまで根気よく、わかりやすく
>   ● なぜこの質問が出たのか、相手の心情を読む
> 6 反論されても感情的にならない
>   ● 反論はあって当たり前。落ち着いて対応する
> 7 理解・納得してくれたことに感謝する
>   ●「わかってもらえて嬉しいです。ありがとうございます」

2-08図 3段階のステップ

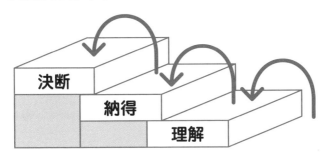

第15講 オープン・クエスチョン クローズド・クエスチョン

Point
○オープン・クエスチョンとは相手の思考を解放する質問方法である
○オープン・クエスチョンは相手の気づきを促すことができる
○クローズド・クエスチョンとは限定された回答を得るための質問方法である
○クローズド・クエスチョンを続けると相手を防衛的にさせてしまうことがある
○オープン・クエスチョンとクローズド・クエスチョンの特性を知り、適宜使い分けることが重要である

相手の思考を解放するオープン・クエスチョン

　オープン・クエスチョン（拡大質問）とは、相手の思考を自由な発想に解放させていく質問方法です。
　例えば以下のような質問がオープン・クエスチョンです。
「それは何？」What ？
「なぜそう思ったの……？」Why ？
「それでどうするの……？」How ？
「開かれた質問」ともいうように、さまざまな自由な回答が期待できる質問です。
　一方、クローズド・クエスチョン（特定質問）とは、限定された回答を得る、主にイエス・ノーで答えられる質問のことです。尋ねる内容は絞り込まれたもので限定されたものです。例えば「車の免許は持っているの？」「買ってきた？」「売れた？」「ＡとＢのどっちがいい？」といった質問がクローズド・クエスチョンです。「閉じた質問」ともいい、広がりのある回答を求め

ている質問ではありません。

介護施設での対話事例

いつもまじめに働く介護士のYさん。堅実である一方、積極性に欠ける面があります。そのため、チーム内のみならず、まわりの職員も、Yさんの積極的ではないところに物足りなさを感じていました。そんなYさんとリーダーの会話です。

リーダー「いま新人教育で担当をしてもらっているのはAさんだけだった？」
Yさん「はい、そうです」
リーダー「Bさんの指導もしているのかな？」
Yさん「はい、血圧等のチェック、日誌記入のしかた等々で指導したことがあります」
リーダー「それだけ？」
Yさん「本人はあまり時間がない様子だったのと、私はBさんの教育担当ではないので勝手にはできないと思って」
リーダー「Aさん、Bさんの担当が誰かではなくて、教育していくことがチームの力になることはわかるよね？」
Yさん「もちろん、私もそれは理解していますし、気がついたら指導しています。でも、せっかくAさんも仕事を覚えてきたときに、Bさんのほうに時間を割いて教えるのはちょっと気がひけるし、予定が遅れてはいけないと思いまして……」

BさんにもすることでYさんが力を伸ばすチャンスになるとみたリーダーは、質問を重ねています。しかし、質問が限定的だったため、かえってYさんの防衛的な姿勢を導く結果になってしまいました。2人の会話をみると、リーダーのセリフはほとんどがクローズド・クエスチョンであることがわかります。単に「確認」の連続という感じになってしまい、Yさんに考えさせたり、積極性を引き出したりすることに失敗しています。最初の質問は「いま新人教育で担当をしてもらっているのはAさんだけだった？」です。これでは、Yさんは、何かまずいことでもやってしまっているのかな？　と警戒モードに入ってしまってもしかたないでしょう。たとえ

> 第2章　関係調整のスキル

ば、「いつも新人教育をしてくれてありがとう。最近はどう？」といったように、Yさんのふだんの仕事ぶりを認めたうえでオープン・クエスチョンを投げかければ、Yさんの思いがもっと語られたでしょう。

自ら語らせて"気づき"を促すオープン・クエスチョン

相手が視野の狭い考え方をしているときや考えが深まっていないとき、あるいは広がりをもって考えていない、守りに入った考え方しかできていない、そのようなときにオープン・クエスチョンを活用します。
「どのような状況かな？」
「順調に進んでいる？」
「どのように処理していく？」
「何が必要だと思う？」
これらの質問は、問いかけられた本人が自由な広がりをもって深く考えることができる質問です。
次の事例をみてください。施設長と部下の会話です。

【対応事例】
施設長「Eさんの件、その後はどんな感じかな？」
部下「Eさんの息子さん夫婦が今日いらして、お話ができました」
施設長「そう、来てくださったの。よかったね。何か言っておられた？」
部下「転院手続きのしかたと転院先の状況を知りたいというので、今日はそれをまとめた資料をお渡ししました」
上司「先方はどんなところが気になっているのかな？」
部下「やはり、転院先の施設では医療スタッフの数とか専門分野ですね。充実している施設ですから満足しておられました」
上司「ほかには何か興味をもっていたことは？」
部下「特に興味を示されたのはレクリエーションの部分です。利用者と利用者家族の共同作業で陶芸作品展や水彩画展をしていると聞いて、いろいろと尋ねていらっしゃいました」

このようなオープン・クエスチョンならば、部下は自分のペースで現状をありのままに話しやすくなります。上司の知らない実情や現場情報も出てく

るでしょう。何より、対話を通じて部下自身の思考が深まり、発想が広がり、気づきがもたらされるというメリットがあります。

傾聴力を鍛え、部下の話を受けとめる

共感と傾聴のスキルは、実用的なビジネス・スキルです。自分の上司との関係や他部署との関係においても有益ですし、患者、関連部署、関係機関等の外部の人たちに対してもカウンセリング・マインドをもって接することで、信頼関係を築き、ビジネスチャンスを広げることに役立ちます。ただ、職場のリーダーであれば、やはり何よりも部下との関係において共感と傾聴のスキルを積極的に生かしていただきたいと思います。

2-09図 オープン・クエスチョンとクローズド・クエスチョン

	オープン・クエスチョン（拡大質問）	クローズド・クエスチョン（特定質問）
有効性	・より多くの情報を引き出したいとき ・答えが予想できないとき ・相手に考えさせたいとき	・必要な情報だけをズバリ聞きたいとき ・自分の答えを確かめたいとき ・相手に念を押しておきたいとき
質問例	・どうすれば仕事しやすくなるかな？ ・何をすれば顧客は喜ぶだろう？ ・どういう段取りで進めたらいいかな？	・注文数は5パックだったよね？ ・すぐに電話で聞いてみようか？ ・今日は5時までに戻れるかな？
概念図	（外向き矢印の図）	（内向き矢印の図）
質問の大きさ	あなたはどのようなとき"やりがい"を感じますか？ → 仕事をしていてどのようなときに"やりがい"を感じますか？ → 販売促進課のプロジェクトの仕事をしていて"やりがい"を感じますか？ 拡大質問 ←　大　　　　　　　　　小　→ 特定質問	

第16講 「聴く」ための基本的な技術

Point

- ファシリテーションにおいて重要なのは「聴き上手」になることである
- 傾聴には多くの利点がある
- 傾聴は職場のコミュニケーションを良循環にしていくきっかけづくりになる
- 「いつでも、すぐに話を聞く」より、少し待ってもらってでもしっかり傾聴するほうがよい

話を聴くことで悪循環（負の循環）を断ち切る

　ファシリテーションで重要なのは、実は「話をする」ことよりも「話を聴く」こと、つまり"聴き上手"になることです。聴き方の技術を理解して、それを実践することで対人関係のスキルアップをはかることができます。ヒューマン・ケアの仕事は、利用者の話を聞くことができなければ仕事になりません。そのときに、人の話をある程度時間をかけて**"聞く"**ことはあっても、話の内容だけでなく、その背景や話し手の心情まで、じっくりと**"聴く"**ことは少なくなっていないでしょうか。ふだんの仕事では、「食べましょう」「トイレに行きましょう」「お風呂に行きましょう」など、聴くのとは反対に提案をしていることのほうが実は多くなっているかもしれません。言葉で伝える、提案を行うことは、仕事の上でもちろん大切なことです。しかし、"聴く"ことによって得られる情報は、チームやスタッフにとっても、利用者にとっても重要な意味をもちます。問題や課題が生じて、悪循環が起こっているようであれば、それを断ち切り、良循環へとつなげていく端緒を得ることができます。
　「傾聴」にはどのような利点があるのか、整理してみましょう。

> **傾聴を行うことによる利点**
> - 何をしているのか、状況を把握することができる
> - これまで知らなかった新しい情報や出来事の背景などを知ることできる
> - 仕事をどのように進めるか、意思や考えがつかめる
> - どんな思いでいるか、気持ちや意欲を知ることができる
> - コンディション(心身の状態)の把握をすることができる
> - 話し手の意欲(モチベーション)が向上する
> - 信頼関係の強化をはかれる

　こういった利点をみると、傾聴の必要性を理解し、納得していただけると思います。傾聴がうまくできている組織は、このようなメリットを享受しています。

　話を聴くことがなぜなかなかできないのか。それは話を聴く価値があるか否か、入り口のところで早まった判断をしてしまうからです。たとえば、あなたはリーダーで、これまでの数年間、同じ部下や後輩と仕事をしてきました。相手がいつも話している内容はだいたいわかっています。そういう環境にいると、部下が相談をもちかけてきても、じっくり時間をかけて聞くことが無駄なように思えてしまい、身を入れて話を聴こうとはしなくなりがちです。聞く側がそういう予断をもっていると、話す側も「どうせ聴いてもらえない」という気持ちになって、お互いに隔たりができてしまいます。チームにとって本当は重要な事柄に気づいたとしても、通常業務の中での最低限必要なやりとりで済ませて、核心を突いた話はしないで終わってしまうでしょう。そうなると、聞く側はますます話を聴こうという気持ちをなくします。つまり悪循環です。先に見たように、**傾聴は職場のコミュニケーションを悪循環から良循環へ転換していくきっかけづくり**になります。ぜひ意識的に話を「聴く」ことを心がけましょう。

「傾聴」のための時間をつくる

　仕事中に職員から「ちょっとよろしいですか？」と突然話しかけられることがあります。仕事を中断して話を聞くことになるわけですが、タイミングが悪いときもあるでしょう。

何かを決めなければならない意思決定の期限が本日中であるとか、急に判断をしなければならないこともあります。しかし、どうしても他の仕事に手がかかり中断できないときは、「いま手が離せないから、もう少し後でも大丈夫かな？」と、正直に状況を伝えて、「あとですぐ行く」「ここが終わったら声かけるから」「〇時からなら大丈夫」「〇分後だったらかまわない」など、仕事の状況に応じて準備を整えてから話を聴くのが誠意ある対応です。要は「いま」か「あと」かの問題です。メンバーからの報告や相談には、リーダーがとりかかっている作業が優先する場合も、そうでない場合もあります。その判断はリーダー自身が行うのです。そのためには、**リーダーが判断しやすいように、何の話なのかを簡潔に述べることを日頃から職員たちに習慣づけることも重要です。**

「師長、いまよろしいですか。〇〇さんの件の報告です」
「〇〇さんのリハビリ計画を本日中に確定したいのですが」
「〇〇の件でご家族がいらしています。今、相談できますか？」

　などといった具合です。こういった報告や相談のしかたであれば優先順位はつけやすいので、

- 「では午後一番に報告を聞きましょう。大丈夫？」
- 「3時くらいは大丈夫？」
- 「今、ご家族がいらしているのなら、5分後に私も同席します」

　などと答えることができるでしょう。傾聴する際には、当然のことながら、最後までしっかり聴くつもりで対応します。
　一方、しっかりと「聴く」ための時間を確保せずに、「いつでも、すぐに話を聞く」という姿勢は、かえって誠実さを欠く結果になりかねません。なぜなら、**作業を続けながら、何かをしながら聞いたり、最後まで聞き終えずに次の用事にとりかからざるをえない状況に陥る可能性がある**からです。物理的に作業は中断したとしても、やりかけの仕事が気がかりなままでは、傾聴はできません。「心ここにあらず」の聞き方になってしまいます。やはり、「すぐには聞けないこともあるけど、必ず聴くよ」ということをお互いの了解事項にするのが望ましいでしょう。それがわかっていれば、話しかけるほうも気が楽なはずです。そして、聴くときは集中してしっかり聴くことになるので、結果的には話し手を尊重することになるのです。

2-10図 聴くことにより、相手がもっている「答え」を引き出していく

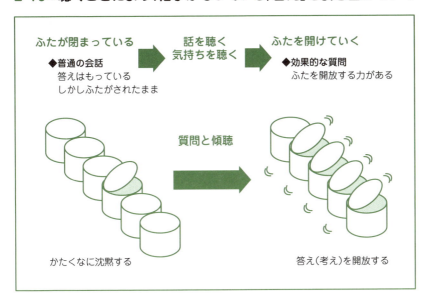

2-11図 アイディア創出の流れ

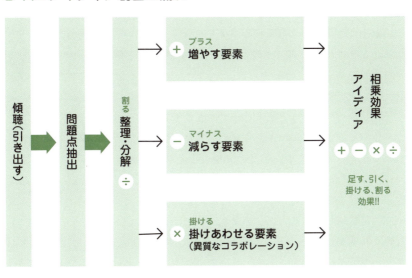

第17講 言葉の行間を読む 相手の気持ちになる

Point
- 相手の気持ちになって話を聴く姿勢を「カウンセリング・マインド」という
- 聴く耳をもつリーダーには情報が集まってくる
- 傾聴には3つのポイントがある
- 「共感」と「同情」の違いを理解することが重要である

カウンセリング・マインド（共感）を育てる

　相手が何を言いたいのか、その真意を知る。表面的な言葉の意味だけでなく、本当に伝えたいことは何か、何を言おうとしているのかを理解しようとする。このように、**相手の気持ちになって話を聴く姿勢を「カウンセリング・マインド」**といいます。コミュニケーションをとる際にカウンセリング・マインドをもって対すると、対人関係など関係性が強化され、実りあるファシリテーションを遂行していくことができます。カウンセリング・マインドを育てるための取り組みやすい方法としては、相手の立場になって考えてみることがあります。患者の立場、患者家族の立場、部下の立場、メンバーの立場など、あるいは映画やドラマを見て主人公と同じ気持ちになって感動し、涙を流す。こういったことを通じて、他人と同じ気持ちになる"共感性"を育てていくことができます。

　聴く耳をもつリーダーには情報が集まってきます。さらにいえば、メンバーが相談に来るのを待っているのではなく、リーダーのほうから積極的に情報を取りにいく姿勢が大切です。例えば、メンバーたちが落ち着かない様子だと感じたならば、「そわそわした雰囲気だけど、何かあったの？」。ある

いは元気のないメンバーを見かけたら、「どうした？」などと気軽に声をかける姿勢が望ましいでしょう。こうした心がけも、カウンセリング・マインドの表れといえます。「自分にはカウンセリング・マインドがないから、いくらスキルを学んだところで"聴き上手"にはなれない」と、あきらめてしまう人もいるかもしれません。「形から入る」ことも、ある意味で大切です。傾聴のスキルを学び、実際に使っているうちに、カウンセリング・マインドが自分の中に育ってきます。

人の話を傾聴しようとする際には、次の３つのポイントに注意することが大切です。

傾聴の３つのポイント
- 話の腰を折らずに最後まで聴く
- 相手の話に合わせてうなずく
- 「ええ」「はい」「なるほど」と相づちを打つ

この３つの基本的なスキルを使っているうちに、「苦手なタイプの人の話でも、受けとめられるようになった」「共感できる瞬間が増えてきた」といった効果が得られるはずです。やがて、相手から「話を聴いてくれてありがとう」と感謝され、ちょっとした喜びを味わえるかもしれません。こうなれば、カウンセリング・マインドが根づき、スキルにもさらに磨きがかかる

2-12図 カウンセリング・マインドによる気持ちの明確化

「あの〜今日も残業ですか？」

明確化に失敗する要因
- 察しが悪い
- 相手の立場になれない
- 決めつける（レッテル貼り）

明確化の例

成功の例
言葉のすぐ下（行間）にある気持ちを明確化することが大切
「今日は遅くなれない用事があるんだね」

失敗の例
「そうなるね、見ての通りだ」
「忙しいのだから、しかたないだろう」
「そんなに残業が嫌か」
「君は協調性に欠けるよ」

第17講 言葉の行間を読む 相手の気持ちになる

はずです。根っからの"聴き上手"は少ないのです。ある程度努力して傾聴力を身につけるしかないのです。「できそうにない」というほど難しいものではありません。傾聴のスキルというのは「できる・できない」という世界ではなく、「やるか・やらないか」という本人の意志によるところが大きいのです。

"共感"と"同情"の違いは？

「共感」について理解しようとするとき、必ずといっていいほどぶつかるのが"共感"と"同情"の違いです。**「こんな目にあって悲しいよ」と言う相手の気持ちに寄り添って、「悲しいね」と応じるのが"共感"です。相手の感じたままを自分も感じようとすること**です。

一方"同情"は、「かわいそう」とか「ひどいね、私が仕返ししてやるよ」といった応じ方です。**相手の気持ちよりも、自分の気持ちや判断が主体**になり、一段上から見下ろした感じになります。話をしたほうは、味方になってくれるのは「ありがたい」とは思うでしょうが、「気持ちをわかってもらえた」という実感は薄いはずです。これは話し手の"心の声"をキャッチできない、つまり"聞き下手"になっているということです。言い換えれば、相手の言葉を自分の立場でしかとらえていないのです。あくまでも相手の立場で考えることが、カウンセリング・マインドの"共感"です。

カウンセリング・マインドを「会議」に活かす

会議を行う際は、2−13図のような状態の「場」をつくりあげることが望まれます。会議は対人関係調整をしていく場でもあります。関係をより強化していくためには、1人ひとりが会議に対して強い思い入れをもち、しっかりとした考えをもって参加することが大切です。会議の目的（情報共有の会議なのか、意思決定の会議なのか、その両方なのか）を十分に理解したうえで会議に参加します。さらに、発言者への話の促し方と、聞く側への促し方を上手くコントロールして場の雰囲気をつくることも大切です。コミュニケーション・スキルをうまく使って、思考・発想・視点を広げていくように促します。意見を出す場であれば発散をさせ、意見をまとめる場であれば整理して順位づけをして、上手に収束をしていきます。それらの根底にカウンセリング・マインドがあれば、質の高い意見が出る会議になっていきます。

2-13図 会議におけるカウンセリング・マインド

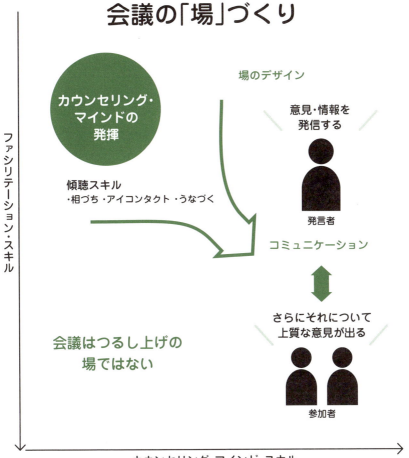

ポイント カウンセリング・マインド・スキルとファシリテーション・スキルをうまく使うことで、より上質な意見が出る会議になる。右下の領域にもっていくことがリーダー（ファシリテーター）の役割である。

第17講 言葉の行間を読む 相手の気持ちになる

第3章 構造化のスキル

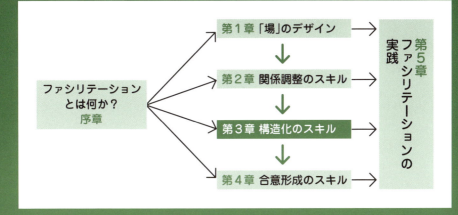

第18講 問題の種類と構造化のしかた

Point

○問題とは「あるべき姿」と「実際の姿」とのズレのことである

○問題を類型化すると「日常」と「将来」の問題に分けて考えることができる

○問題には3つのタイプがあり、それぞれにふさわしい解決法がある

○問題を構造化するには5つの方法がある

問題の定義

問題とは「あるべき姿」と「実際の姿」とのズレのことをいいます。図式化すると次のようになります。

3-01図 問題の定義

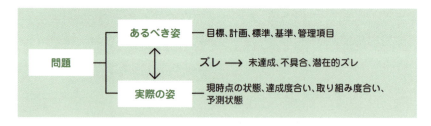

「あるべき姿」とは、目標、計画、標準、基準、管理項目などです。それに対して、「実際の姿」とは、現時点での状態、達成度合い、取り組み度合い、予測状態などです。両者の間にある「ズレ」とは、未達成、不具合、潜在化しているズレなどであり、これらが解決すべき「問題」となります。

大きな問題というのは、この差異が大きい状態です。重大な問題、深刻な問題とは、この差異を埋めることが難しい問題のことです。

　これらの問題意識は人によって、あるいは組織によって異なります。医療・介護現場では「問題意識を共有」し、その問題や課題を「共通認織」しておくことが大切です。看護チームや介護チーム内で問題意識が共有されていれば、問題解決への取り組みが早くなり、必然的に解決も早くなります。

　では、問題解決に向けてどのように共通認識を図っていったらよいでしょうか。また、問題をどのように整理・分類し、分析していけばよいのでしょう。以下では、問題の種類と構造化のしかたを解説します。

3-02図 問題の類型と解決手順

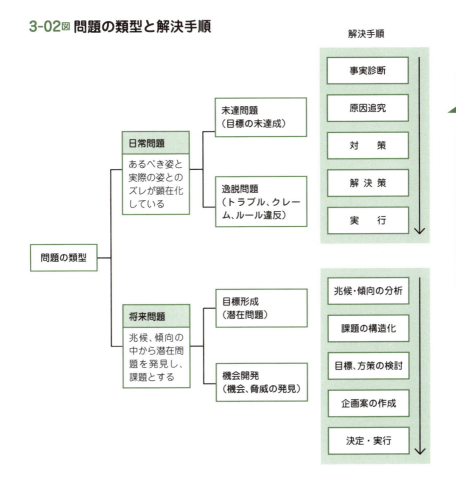

問題の類型：日常・将来の問題

問題を時間軸を使って類型化すると、日常の問題（あるべき姿と現在の実際の姿とのズレ）と将来の問題（兆候・傾向の中から潜在問題を発見する）に分けて考えることができます。そして問題の類型によって、対策のアプローチも異なってきます。（3−02図）

問題の3つのタイプ

また、問題を整理して分析する方法として、発生型問題、設定型問題、将来型問題の3つのタイプに分ける考え方があります。

① **発生型問題**：現在まさに起こっている問題をいいます。故障している、数が合わない、間違っている、不具合があるなど、「あるべき姿と実際との差異」について、誰がみても現状をあるべき基準未満だと認知し、「問題だ」と感じて顕在化している問題です。対処のしかたとしては、事態に対して応急処置を施すとともに、深層原因を究明し、恒久的な対策を講じる

3-03図 タイプ別の概念図

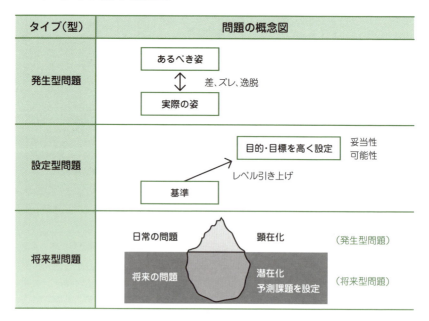

ことです。

② **設定型問題**：現状で認知できる問題は起こっていないが、高い基準を設定することで認識される問題をいいます。「業界の平均レベルと比べて」「厳しい顧客の期待に応えるには」「さらに利益率を上げるためには」など、自ら基準レベルを引き上げることによって認識される問題です。対処としては、設定した目的や目標は妥当なのか、また実現は可能なのかを確認したうえで、取り組むべき事項とスケジュール、さらにはそのリスクと克服策を明らかにすることです。

③ **将来型問題**：現在は認知できる問題は起こっていないが、このまま推移すると認知できる問題になることが予測される問題をいいます。放っておくと時間の推移とともに問題となっていく潜在的な問題です。対処としては、なりゆきの予測と同時にその影響要因についても分析した上で、その差異について対策を講じることが求められます。

現在不具合を起こしている状況はこの3つのタイプのうちのどれなのかを考えることで、問題のタイプを特定することができ、ふさわしい解決方法を見い出すことが可能となります。

問題を構造化する

組織、チームの問題の解決に向けてメンバーの間で共通認識をもつためには、問題を構造的に考えることが必要です。問題を構造化して課題を明確にすることができれば、チームの共通目標を持つことができます。前講までに示したものを含め、以下に問題を構造的に捉える方法を示します。

① 問題は何か？（So What?）

問題は何か？　So What？を繰り返していく手法です。問題は何か？　それは何か？　さらにそれは何か？　この問いかけをメンバーが一緒に繰り返していくことで、真の問題点にたどり着くことができます。この作業を行って、一つひとつの問いから浮かびあがった答えを列挙してみることで、問題を共通認識することができます。

② 原因は何か？（So Why?）

原因は何か？　なぜそのような問題が起こったのか。その原因を過去に遡って考えます。「So What？」と同じように、「So Why？」（なぜか？）を3回繰り返しましょう。そのときに重要な視点が2つあります。ひとつは

「直接的な原因」、もうひとつは「間接的な原因」です。これにより、具体的な問題点との「因果関係」を明らかにしていくことができます。問題解決の一番大切な「真因」を把握し、共有することができます。

③結果の予測（未来へのアプローチ）

あるべき姿と実際の姿とのズレを放置した場合、どのような結果となることが予測されるのか。あるいは、将来への火種を残す可能性があるのか。「日常の問題」と「将来の問題」に分けて予測することで、明確に問題の本質をつかむことができます。

④選択肢（オプション思考）

チームでブレイン・ストーミングを行い、どうあるべきか理想的な状態を想定して、それを明文化してみてください。アイディアは量が増えるにつれて質も高まります。問題解決に向けてとりうる選択肢の幅が広がります。そうすることで「あるべき基準と実際との差異」を共有化できます。

以上の①～④が、問題を共有化する手法です。

⑤解決手段（So How?）

問題を総合的に解決するために、その手段を検討します。①～④の方法で問題が整理されていれば、解決の手段を見つけるのはそう難しくはないはずです。

ゼロベース思考

組織やチームが目標を達成するには、それを阻害する問題を発見し、適切な対策を講じることが必要です。目標を達成するうえで難しいことの一つは、「問題をいかに発見するか」です。

3-04図 ゼロベース思考の概念図

問題発見のための思考法の一つに「ゼロベース思考」があります。ゼロベース思考とは、これまでの既存の枠に捉われずに考えることです。言い換えると、自分たちの常識や既成概念を取り外し、考える枠を大きく広げて新しい可能性を求める思考法といえます。「いままでがこうだったから」「常識的にはこれしかない」という言葉を禁句にして、「どうしたらできるか」とポジティブに考えたり、患者さんや利用者さんの立場に身を置いて考えてみると、発想が広がります。

オプション思考

　オプション思考も可能性を広げる思考法のひとつです。オプション思考とは、解決策の選択肢として代替案を複数あげて最適案を選択する方法です。一案のみで議論していると、やるか・やらないかの選択肢に陥ってしまいがちです。案はあくまでも手段であり、一案だけで議論をすると目的を忘れた話し合いになってしまいます。そこで、オプション思考でいろいろな代替案を考え、その代替案を評価します。そのうえで重要度で評価したり優先順位をつけたりして最適な案を選択し、意思決定をしていきます。

原因追究

　単純に問題から解決策を導こうとすると、問題を裏返しただけの解決策となる可能性があります。問題の根本的な原因を特定することができれば、あとはその原因に即した解決策を考えるだけです。しかし、原因を広く深く考えることが不十分であれば、表面的な問題のみの解決となり、いずれは再発する可能性があります。原因を考える際には、必ず根本的な原因まで掘り下げて、それに対する解決策を考えなければなりません。

第19講

Point

○ 問題の原因を分析するには特性要因図（フィッシュボーン）を作成するのが有効である
○ フレームワークを活用すると視覚的に問題をとらえることができる
○ その他にも5つの原因分析法がある

原因分析の方法

　原因分析とは、問題を引き起こしている理由を明らかにすることです。問題を定量化して問題の大きさを確認し、その問題をどこまで小さくするか目標を決め、問題が発生している現状のレベルと目標のレベルの間に差が生じている理由を把握します。原因を把握したら、把握したそれぞれの原因に対して対策を打ち、原因を撲滅することによって、現状のレベルを目標のレベルに変えていきます。

　なぜ、原因分析をしてから対策を考える必要があるのでしょうか？　それは、問題には通常複数の原因があり、それらすべての原因に対して対策を打たなければ、問題を解決することができないからです。認識した問題について最初に思いついた対策が、想定されるすべての原因に対して有効な対策である可能性は低いでしょう。思いつきで実施した対策では、特定の原因を撲滅することしかできず、問題のすべてを解決できない可能性が高くなります。したがって、原因を分析して、把握した原因すべてに対して有効な対策を立案することが重要なのです。

　原因分析の際に原因を整理する方法にはさまざまなものがあります。たとえば、原因を箇条書きで記述する方法やQC（品質管理）手法である特性要

因図（フィッシュボーン）で整理する方法、なぜ？なぜ？と繰り返して原因を体系状に整理していく方法などがあります。それぞれの整理の方法には、それぞれの持ち味があり、どの方法が最適と決めることはできません。

原因要素の「抽出」と「体系化」

　原因を整理・体系化する方法の一つに特性要因図（フィッシュボーン）があります。3−05図は「パフォーマンス」に影響を与える要因を整理したものです。「パフォーマンスが上がった（下がった）」と一言でいっても、その要因にはさまざまなものが存在し、複雑に関係しあっていることが理解できると思います。

　このような原因の体系図を作成するとき、白紙に向かっていきなり体系を書こうと思っても、なかなかできないものです。しかし、作業の段取りを原因要素の「抽出」と「体系化」に分離すると、比較的簡単に体系図を描くことができます。原因要素の抽出の段階では、体系化しようと考えず、思いつくものを数多く列挙することに集中します。そして、原因要素を多数抽出したあとに、それぞれの要素を似たもの同士グルーピングし、それらを体系図

3-05図 特性要因図（フィッシュボーン）

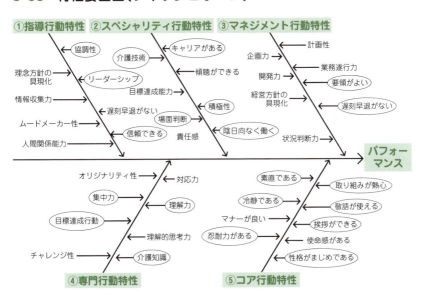

に整理していくのです。

　原因要素の抽出を行う際、やり方によって時間あたりの抽出される原因要素数が異なってきます。1人で考えていても抽出が進まないことが多いのですが、数人が集まり、「1人が5つの原因要素を抽出する」というように目標を定めると、1人で考えているときと比べて、短時間でより多くの原因要素を抽出できます。より多くの原因要素を抽出できれば、それだけ要因の網羅性を高めることができます。

フレームワークを用いた問題分析

　問題分析の方法として、フレームワークを用いるやり方もあります。その問題は「いつから」発生し、「いつまで」続いたのか（When）、「どこから」「どこまで」影響が及んでいるのか（Where）、「どのように」発生をしたのか（How）、「何が」（What）、「どのくらい」生じているのか（How much）といった見方をしていきます。3－06図のような図解を行うと、問題の姿を視覚的にとらえることができます。

3-06図　問題分析の視点（フレームワーク）

いつまでに？（When?）

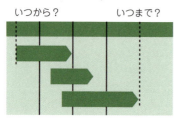

どこまで？（Where?）

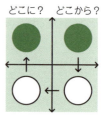

どのように？（How?）

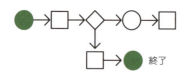

何が？（What?）
どのくらい？（How much?）

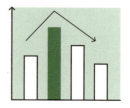

その他の原因分析の方法

原因分析には他にも次の5つの方法があります。

①**現象分析**：見た目の相違やパターン、種類の相違に着目して原因を整理していく方法です。現象分析を行う場合は、問題が生じている現場や現物を観察し、事実から発想していくことが不可欠です。原因要素の語尾が「○○のケース」という表現になる場合や、物や形状、サイズ、色などで分類する場合があります。

②**時系列分析**：原因要素を読み込み、発生順など時系列に整理していく方法です。時系列に整理するので考えやすく、その上、網羅性を高めやすいという特徴があります。

③**プロセス分析**：時系列に近い見方ですが、単に時系列をたどるのではなく、業務の流れに着目して、業務の流れにしたがって原因を整理していく方法です。この場合、業務のすべてのプロセスを体系的に整理すると、原因が特定のプロセスに集中し、その他のプロセスには原因が存在しないことに気づくこともあります。

④**既存視点分析**：ヒト、モノ、カネ、情報という経営資源や、Man、Machine、Material という生産資源などのように、既存の視点ごとに原因を列挙していく方法です。先に紹介した特性要因図（3-05図）は、この視点を適用しています。

⑤**対極発想分析**：①～④の視点は、問題が生じている現状をベースに考えていく発想ですが、対極発想法は、問題が起きないようにするには、どんな条件を整備しておく必要があるかという観点から考えていく方法です。

1つの問題の原因を整理する際、①～⑤の複数の視点を併用して使えば、より網羅性の高い原因体系図を描くことができます。

第20講 問題の整理① 明確化と整理の視点

Point

○問題を明確にするには4つの視点でとらえることが有効である

○問題を整理する際には「重要性」と「緊急性」に留意する

○問題を整理するには6つの視点で洗い出すことが有効である

○複眼思考を行うと問題を立体化してとらえることができる

問題を明確にする4つの視点

　問題とは「あるべき姿」と「実際の姿」との差です。一般企業にとってのあるべき姿とは、世の中にとって良いこと・良いものを提供して、その対価として利益を得て、その利益をさらにまた社会へと還元していくことです。病院や介護施設などにおいても、同じように考えてみると、「あるべき姿」が具体的に描けるはずです。では、「あるべき姿」と「実際の姿」の差である問題を明確にするためには、どうすればよいのでしょう。そのためには、次の4つの視点でとらえることが有効です。

①組織の目標を達成する条件設定の明確化
②目標とする「あるべき姿」の視点の明確化
③「あるべき姿」と「実際の姿」との差異の明確化
④問題を解決するために必要な条件の明確化

　これらは、問題を解決する上では欠かせない視点です。多くの職場では、リーダーや施設長、看護師長など上司から「あるべき姿」（目標）を指示さ

れ、「実際の姿」とのズレの解決を課題として与えられています。その際、上司から与えられた目標に対して、仮に現場レベルで違和感を抱いた場合、メンバーの仕事へのモチベーションに悪影響を与える可能性があります。自分自身が課題として認識できない内容を日々の業務の目標値として見なければならないからです。

しかし、上記の4つの視点に基づいて信頼性、妥当性、客観性のある「実際の姿」を示すことができれば、職場としての課題設定の妥当性を合理的に判断することができます。場合によっては、目標の再設定をすることにつながる可能性も考えられます。

問題の重要性・緊急性

問題整理をする際には、「問題の重要性」と「問題の緊急性」にも着目することが重要です。「問題の重要性」を設定するには、組織として、その問題がどの程度重要なのかを見極めます。組織では、部門目標や個人目標、そして「責任権限」が決められており、与えられた役割や決裁権限を超えた問題に取り組むことはできません。

個人が重要な問題だと認識したとしても、その解決のために自由になる経営資源（ヒト、モノ、カネ、情報、時間）は、その役職によって限られてきます。全権をもつ経営者でもない限り、その決裁権限の範囲の中で問題に取り組まなければなりません。そういった制約条件があるからこそ、「問題の重要度」を設定することが重要になるのです。

一方、「問題の緊急性」とは、問題に対する対処や意思決定にどれほどの時間が残されているかということです。問題は時間が解決してくれるものではありません。想定される不具合に対して、制限時間内に何かしらの対応をとる必要があります。問題の「難易度」や「重要性」に関わらず、残された時間内で最善と考えられる対処や意思決定を行います。業務上の問題では、いわゆる「時間切れ」の意思決定は絶対に避けなければなりません。業務中は常に意思決定が迫られていることを制約条件として考えておく必要があります。

このように、問題解決に取り組む際は、「問題の重要性」と「問題の緊急性」という2つの観点から考える必要があることを念頭に入れておくことが大切です。

問題を整理する６つの視点

ヒューマン・ケアの仕事に従事する人が問題を解決に向けて整理していくためには、次の６つの視点も有効です。

> ①業務全般の中での問題
> ②所属部署・チームにおける問題
> ③従事する事業における問題
> ④所属する病院・施設の組織の問題
> ⑤所属する病院・施設の患者・その家族・取引先・競合相手の問題
> ⑥医療業界・介護業界・国・政治・地域の問題

それぞれの視点で見ると、同じ問題でも見る角度やレベルが異なるため、問題における条件、質、量など、さまざまなことを洗い出すことができます。問題を認識する主体者を変えてとらえなおすことで、問題が原因であることに気づくこともありますし、またその逆もあるなど、視野に広がりと深みがでて、問題解決におおいに役立ちます。

洗い出したそれぞれの要素を関連づければ、問題をとりまく全体を整理することができるので、ブレイン・ストーミングによる「発散」も容易になってきます。収束（絞る）の段階でも同様に広く、深く考察することができるため、収束する際の視点としても役立ちます。目的や目標値と照らし合わせて、６つのどのレベルで問題を再認識するべきか、何がもっとも解決したいことなのか、優先度がより明確になってきます。

複眼思考による問題の整理

同じように解決に向けた問題整理のしかたとして有効なのは「複眼思考」です。２つの目で見て、問題や原因、そして対策を考えていくことです。視点（観点）を増やせば問題を立体化して見ることもできます。視点（観点数）や量（尺度）を変えて問題を見ることで、あるべき姿と現状の差（問題）を数多く見つけることができます。また、問題の程度（大きさ）も把握することができます。

観点を２つにすると、平面上に「Ｘ」「Ｙ」の２軸の座標を設定でき、座

標のどこに問題があるかという位置関係がわかります。さらに観点を追加すれば、「X」「Y」「Z」という三次元で見ることが可能になります。問題を立体的にとらえることができ、それぞれの優先度などを評価することが可能となります。

3-07図 複眼思考 2つの見方

複数のものを立体的に見る。部分だけを見ないで全体を見る。木を見て森を見るような感じで、なるべく視野を狭くしない（死角をなくす）で全体を広く見渡す。

3-08図 複眼でみる観点数と尺度の例

3次元

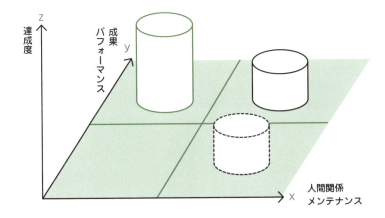

第20講 問題の整理① 明確化と整理の視点

第21講 問題の整理② 発散法と収束法

Point
- 「発散」と「収束」は問題の整理に役立つ方法である
- 「発散」の際にはブレイン・ストーミングなどが有効である
- ブレイン・ストーミングで列挙された問題点は類似のものを集めてグループ化した階層をそろえていく
- 「収束」の際には問題を図式化・構造化して情報を整理する
- 問題の分析には4つの目的がある

　問題を効率よく効果的に解決する方法を見い出すためには、問題そのものを構造的に整理することが有効です。以下のポイントに留意しながら、「発散法」と「収束法」を活用すると、適切に整理することができます。

問題整理のポイント
- 異なる種類の問題点を整理する
- 問題点を主語と述語で表現する
  「○○が○○になっている／いない」
- ○○を一般的な表現に変換する
- 漢字表現にして「普遍的表現」にする

発散法

　発散法は自由な意見を出しあうことで「量」を増やしていきます。「量」が増えることにより「質」が高まっていきます。ブレイン・ストーミング手

法などを活用して、批判などは一切せずに、自由に意見を言いやすい雰囲気をつくります。参加者は思いつくままに広く意見を出し、そして深く考えをめぐらせていきます。他の人の意見をさらに良いものにしていくよう「結合改善」を心がけることも重要です。一度出たような意見でも、拒絶することなく採用します。

　ブレイン・ストーミングなどの発散法を用いているときには、必ず書記役をつくりましょう。書記は出てきた意見を模造紙やホワイトボードなどにすべて書き出すようにします。皆が見える大きさの字で書いて、1枚目の紙（ホワイトボード）を書き終えたら、それを見えるように脇に置いて、2枚目の紙（ホワイトボード）に書きはじめます。いつでも1枚目の紙（ホワイトボード）を見えるようにしておくことが重要です。このように数多くの意見を出して、次にそれらを項目別にグループ化していきます。

　列挙された問題点を眺めて、類似のものをグループ化します。次に、各グループが同じレベルでカテゴライズされているかをチェックし、グループ名の表現レベルをそろえます。階層のカテゴリーの粒度をそろえる作業なので、表現を同じにするだけでなく、位置づけも必要に応じて修正します。

　ここでグループ同士が問題に対してどのような構造になっているのかもチェックし、並列、上位、下位という並べ替えを行います。グループが確定したら、列挙された問題点を各グループに入れていきます。どこにも入らないものは、無理にグループには入れず、「その他」に分類しておき、最後に処理します。

　グループ化が完了したら、次のプロセスへと進みます。グループ内部を見ていくと、同じような表現に目がいき、1つに絞るために類似の問題点を捨てたくなります。また、問題の背景などから見て、明らかにその問題の解決にはつながらないと思え、捨てたくなるかもしれません。しかし、ここでは我慢をして、まずは「増やす」作業を行うことが重要です。「増やす」ためには角度・視点を増やす必要があります。つまり、より多角的に可能性を追究していく作業が大切です。

収束法

　問題点を増やして数多く広げたら、いよいよ次は「収束」です。収束とは重点を見極めることです。そのために、まずはそれぞれの問題点を図式化・

構造化して現段階での重要度、影響度を評価します。また階層などが異なる問題点を整理することも大切です。それらすべてを解決できればよいのですが、時間的な制約がある場合には、問題点の内容を比較して、意味や影響度の高い問題点に絞っていきます。

　組織の問題点にはある程度の類似性があります。問題の重みや発生の特性に違いはありますが、類似の要因構造をしている場合がほとんどです。なぜなら、組織体の目的や基本的な機能は類似性が強いからです。したがって、効率よく問題点を見つけ出すには、過去の改善事例、他社の事例などが参考になります。自分たちに「何が抜けているのか？」という視点でそれらをレビューすると、解決のヒントが見つかるはずです。

　抽出されている問題点とそのグループを、意識を変えて見ることでも視点を増やすことができます。たとえば、「批判的（攻撃的）な見方」と「共感的な見方」という2つの見方で吟味してみましょう。「批判的（攻撃的）な見方」とは、わかりやすく言えば、スキがあれば突くという見方です。抽出した問題点やそのグループを部下やライバルが作成したと考え、ヌケを見抜いて突っつくぞというスタンスで見るのです。

　一方、「共感的な見方」とは、いいところを見つけるという見方です。どこが特にいいのか、なぜいいのか、もっと付け加えればいい、これがあればもっとすばらしいというスタンスで見るのです。

　どちらか一方の見方だけではなく、両方の見方を習得していくことが大切です。単時間で問題点が浮かび上がりやすくなるはずです。他人を攻撃したり、他人に共感したりする行為は「想像力」や「集中力」「表現力」など、さまざまな能力向上につながります。

　分析でもっとも重要なことは、何のための分析なのかという目的を明確にして、常に目的との合致を意識しながら進めることです。分析の目的には次の4つがあります。

①情報を整理して可視化する
②評価（ベンチマーキング）する
③具体的に改善すべき問題点を把握する
④改善・改革の仮説検証を行う

3-09図 発散と収束

発散（ブレイン・ストーミングで量を求めて質を高める）

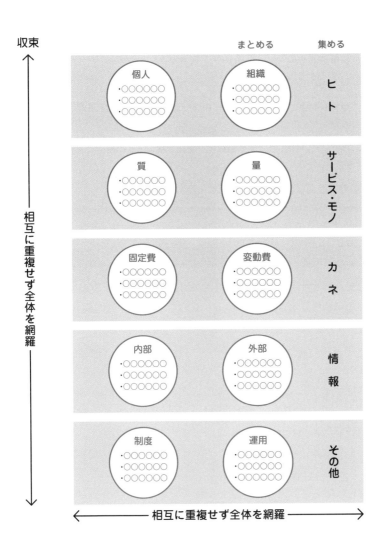

第22講 ロジックツリーとMECE(ミッシー)

Point
- 問題を適切に解決するためには根本的な原因を明らかにすることが大切である
- 原因追究には「ロジックツリー」を作ることが有効である
- 「ロジックツリー」は「So what?」と「So why?」を重ねていくことで原因を追究する考え方である
- MECE(ミッシー)という思考技法を組み合わせると効率的・効果的に原因を追究することができる
- 原因追究の際には、「なぜ」を3回繰り返すと効果的である

ロジックツリーとMECE(ミッシー)で原因を追究する

　問題を適切に解決するためには、問題が何に起因しているのか、根本的な原因を明らかにすることが大切です。そのための思考ツールに「ロジックツリー」があります。これは、「So What ?」(問題は何?)と「So Why ?」(だからなぜ?)の2つの問いを重ねていくことで、原因を追究する考え方です。

　また、原因を追究して対策を講じるうえで「MECE(ミッシー)」という思考技法がとても役に立ちます。MECE(ミッシー)とは"Mutually Exclusive and Collectively Exhaustive"の略で、「個々の事柄が重複することなく、しかも全体にみても漏れがない」という意味です。原因を追究していく際に、「モレなくダブリがない」ように要素をあげていくことで、重要な要素を漏らしてしまったり、重複した要素をあげてしまう非効率的な作業を防ぐことができます。

3-10図 MECE（ミッシー）

Mutually **E**xclusive and **C**ollectively **E**xhaustive の頭文字

3-11図 ロジックツリーとMECEを使って原因追究

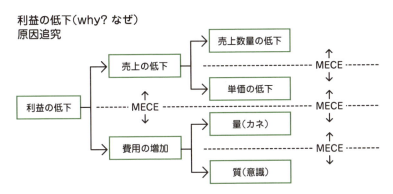

　ロジックツリーとMECEを組み合わせることで、効率的・効果的に原因を追究することができます。

　例えば、「客単価が低い」という問題（So What？）について、経営資源の「ヒト」「モノ」「カネ」の3つの側面からロジックツリーにして考えてみます。まず、客単価が低いのは購入数が下がっているからです。では、なぜ購入数が下がっているのか。それは「ヒト」の側面では、適切な注文対応ができていないから。「モノ」の側面では、魅力的な商品がないから。「カネ」の側面では、商品の価格が高いからです。さらに「なぜ？」（So why?）を深く追究していくと、人員が不足していたり接客のスキル不足などがあげられます。また、商品のオリジナリティの欠如や原価の高騰などが浮かびあ

がってきます。原因を追究するときに効果的なのは、「なぜ？」を3回くりかえすことです。これは「過去へのアプローチ」ともいいます。問題は過去に起こってしまったことが原因で発生しています。そのため過去に遡って考える必要があるのです。

このように、ロジックツリーとMECEを組み合わせて、ゼロベース思考（既成概念にとらわれないで考える）で「なぜ？」をくりかえし、モレがなくダブりのないようにツリー状に記述していくことで、真の原因にたどり着くことができます。

重要な選択をするからこそ、論理的に筋道をたてて考える

ロジックツリーに展開してみると、ツリーに広がりがなかったり、論理が抜け落ちていたりすることに気づくことができます。私たちはともすると、「今までもこうだったから」という思考の枠の範囲内で、つまり過去の体験や組織の常識、自分の常識や前例などに基づいた思考のみで考えています。既存の枠の中だけで思考をめぐらせていると、論理的な思考を阻害することがあります。広がりと深さをもって、既存の枠の外にある無数の可能性を排除することなく、MECEの視点でみていくことが大切なのです。ロジックツリーとMECEで論理的に筋道をたてて問題や課題を整理することで、効果的な対策を導き出すことができます。

このように、重要な選択をする方法を理解することは、問題の解決をしていく際に役立ちます。意思決定の選択は、その後の組織の動向や自分の仕事に大きな変化をもたらします。意思決定の際に間違った選択をしてしまった場合、取り返しのつかないことになるようなケースもあります。だからこそ、筋道のたった思考が重要になるのです。

利益の低下の原因追究

例えば「利益の低下」という状況に対して、どのように論理的に原因追究をしていくのかを考えてみたいと思います。「So why？（なぜ）」で考えていく過去へのアプローチです。

「利益低下」の原因は、「売上の低下」か「費用の増加」に分けることができます。「費用の増加」は、量（カネ）の面では固定費及び変動費など費用の削減により経常利益の確保及び増加が見込めます。同じように「費用の増

加」における質（意識）の面や、「売上の低下」における諸原因をＭＥＣＥの視点で追究していくことによって、この企業の課題は図のように整理することができます。

3-12図 広がりと深さを追究した原因のロジックツリー

利益の低下の原因追究

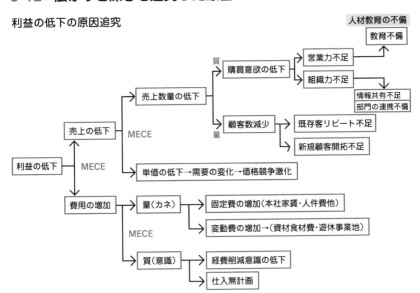

「原因追究」から明らかになったこと
● 経常利益目標を達成するために必要な「コスト削減目標」の設定はできていたのか
● コスト削減目標を達成させるための対策を洗い出していたのか
● 売上の増加の余地があれば対策をあげていたのか

　サービス業では、販売費及び一般管理費などが最も効果が大きい経費削減の領域といわれています。資材（原材料）の調達、保管（在庫）の合理化やオフィスの合理化など、効果のあることはすべてやるべきです。効果の小さなことに時間や労力をとられるより、効果の大きい対策に精力を集中して、早く状況転換をすべきです。

　ポイントは、過去へのアプローチ法による真の原因追究と未来へのアプローチをつなげるブリッジ（架け橋）を構築していくことです。

第23講 問題解決に向けたステップ

Point
- 優先して解決する問題を特定するには「定量化」と「層別」の2つの方法がある
- 問題を解決に導くには3つのプロセスがある
- 問題の整理・分析のポイントは「場面判断」「定量化」「優先順位」

定量化と層別

　問題と原因に関して、これは問題ではないか、いや原因ではないだろうかと行ったり来たりすることがよくあります。どっちが問題で、どっちが原因なのかわからなくなる現象です。問題に対して、どの立場でみて問題ととらえたのか、認識主体者によって問題は原因にもなり、また原因は問題にもなりうるのです。したがって、問題の認識主体者が誰かは、発散（ブレイン・ストーミング）のときは気にしないでいいと思います。ただし、収束（論理的思考技法）のときには気にすべき視点です。

　さらに重要なのは、「どうしたら問題に気づけるのか」です。次に、数多くの問題に気づいたら、それらの問題の中で「どの問題を優先して解決するか」を特定することが必要になります。そのための方法として「定量化」と「層別」があります。

◎**定量化**：定量化を進めるときに、既存のデータの中から使えそうなデータを探し、間に合わせをしているケースがあります。問題を定量化するには、何を測ればよいか、そしてどのくらいのデータ数をどのくらいの期間で集める必要があるかを考えることが重要です。

◎**層別**：層別にも2つのタイプがあります。1つは、問題を分解していく「分解型」の層別。例えば、Aという問題をB・C・Dに分解し、その中でBの構成比が大きい場合、BをさらにE・F・Gと分解していく方法です。もう1つは、問題を複数の視点から重ね合わせていく「クロス型」の層別です。A、B、Cの3人の中でDのミスを誰が一番後始末をしているのかをクロスさせ、それを数値で表す方法です。条件をクロスさせて数値を算出すると、特に多いとされる問題点を抽出することができます。

3つのプロセス

問題を明らかにして、課題を構造化していくことで、より詳細にその対応策を検討していくことが可能になります。ここまで取り上げてきたロジックツリー、MECE、ゼロベース思考、オプション思考などを活用して、問題を細かく多面的に分析していくことが重要です。また、業務上の問題を解決に導くためには、「仮説検証」「説得」「意思決定」の3つのプロセスを着実に実施することが有効です。

①**仮説検証**：分析は、ただやみくもに行っても決してよい成果は得られません。多様な観点から問題をみつめて、「このあたりに問題があるのではないか」と「あたりをつける」ことが重要です。これを着眼といいます。さまざまな分析手法を学ぶことは、多くの着眼のしかたを身につけることです。

②**説得**：仕事上の問題は、自分だけが納得しても解決できないことが多くあります。関係者を説得することが必要になってくるのです。したがって、必要の都度、関係者が納得できるような分析を行って、理解を得ていくことが欠かせません。

③**意思決定**：問題が仮説検証され、関係者の説得ができたら、最後には組織的な意思決定が必要となります。問題の重要性に応じて責任権限に沿った形で意思決定がスムーズになされるためにも、的確な分析を行うことが求められます。

上記の３つのプロセスそれぞれにおいて、目的に合った分析を行わなければなりません。仮説検証では着眼が正しいものであったかどうかを確認します。真因とずれていれば繰り返しあたりをつけて、最適な分析を行って仮説をたてる必要があります。

　問題を「整理」して「分析」するプロセスはそれほど簡単ではありません。試行錯誤しながら、何度も整理し、何度も分析することが求められます。ただやみくもに試行錯誤を重ねても、有効な問題解決には結びつきません。整理・分析を効果的に進めていくためのキーワードは、「発散」（広げる）と「収束」（絞る）です。思考を広げるために整理し、思考を絞り込むために整理する、あるいは、思考を広げるために分析し、思考を絞り込むために分析する、というプロセスを経ることが重要です。

「場面判断」「定量化」「優先順位（重みづけ）」

　それでは、問題をどのように広げ、絞り込んでいけばよいのでしょうか。そのときにキーとなるのは「場面判断」「定量化」「優先順位（重みづけ）」です。情報を整理・分析して「場面判断」ができるように広げて、結果的にそこから絞る。さらに情報を整理・分析して「定量化」して広げて、結果的にそこから絞る。そして情報を整理・分析して「優先順位（重みづけ）」ができるように広げて、結果的にそこから絞る、といった具合です。

　日頃、問題で頭がいっぱいになってしまうと、この基本をつい忘れてしまい、反射的に解決策を考えて対策を打つなど、深さがなく効果の低い対応になる可能性があります。

　行き詰まったときにこそ、発散し収束させる思考をすることです。代替案を整理し、数値化して絞り込み、順位づけをしてみる。意思決定までの限られた時間の中で、どれだけこのプロセスを有効かつ効率的に回を重ねて検討できるかがポイントです。整理と分析のノウハウを身につけることで、問題解決の速さや確実性が格段に違ってくることでしょう。

　整理・分析したあとは、最終的な問題解決に向けて、次のような４つのステップを踏むことになります。

3-13図 問題の解決に向けたステップ

①対策案

問題を整理して課題を構造化します。その結果優先順位がつけられ、その優先順位にしたがって、問題への対応を検討していきます。対策は有効性（問題解決に対して効果があるか）と実現可能性の2つの側面でみていきます。

②計画案

対策を実施するにあたり、その手順および時期を決定します。問題には2つの側面があり「緊急性」「重要性」という視点でみます。対策を計画に落とし込むとき、その実施責任者と責任権限を明確化することも重要です。

③進捗管理

対策が計画にそって実行されているか確認をします。進捗管理を確実に遂行していくために、目標を明確にしておきます。いつ、どこで、誰が、何を、どのように、いつまでに、いくらでという視点です。目的ごとに目標設定を行います。

④達成度の把握

目的の達成度を把握します。目標達成に至るプロセスを指標化することで進捗度は明確になります。その指標は結果指標だけでなく、「そこに至る過程がよい方向に向かっているのか」がわかるプロセス指標も設定します。進捗管理をしながら「軌道修正」をしていきます。

第4章 合意形成のスキル

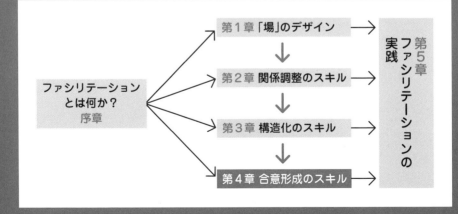

第24講 合意形成に向かうプロセスと工夫

Point
- 合意形成には「信用」「説明」「共感」が必要である
- 行き詰まりを解決するには「可視化」が有効である
- リーダー(ファシリテーター)は常にミッションとビジョンを見失わずにいることが大切である

衝突・対立への対処

　ファシリテーターは問題や課題を整理したら、次に優先順位をつけていきます。深く掘り下げたあとで、議論をした結果を合意(コンセンサス)に向けてまとめていくのです。問題解決でいえば、「重要度評価」や「優先順位評価」です。すぐにできる対策(短期的対策)と時間がかかる対策(長期的対策)などに分けて、うまく整理をしていく段階です。

　この時点で、部署間であれば立場や重要度・優先順位の考え方の違いから対立が生まれる可能性があります。個人間であれば、感情的な対立に発展することがあります。なかなか簡単に意見がまとまることはありません。対立をいかにして解消させていくか、ファシリテーターのスキルが求められるといえます。こうした場面では、第12講の「説得力のある話し方」で説明をした「信用」「説明」「共感」が必要となります。ファシリテーターの力量が問われるのは、この「信用」「説明」「共感」の3つを心がけて、対立する双方に対して話し合いを進めていく局面です。

> **合意形成に向けて**
> 「信用」（この人の話なら聞いてみようと思える「信用力」）
> 　↓そのためには
> 「説明」（説得したい要求や主張をわかりやすく、正確に伝える）
> 　↓相手の納得を高めるためには
> 「共感」（共感（相手への配慮）が伴った説明をする）

合意に向けて発言を可視化する工夫

　この段階で合意ができれば、組織の活動も個人の活動も次のステップに向かっていくことができますが、思うようにいかないときは、意見を「可視化」するようにしてみましょう。ファシリテーションは、そもそも組織の一人ひとりの活動が容易にできるように支援を行うことであり、たとえてみれば船の船頭のように舵取りをすることだと考えることができます。合意に向けて問題解決の手段を決める、アイディアや創造性を形にしていく、教育を行うなど、あらゆる知識創造活動を支援して促進していくことです。話し合いの場で、最終決定の段階で何が行き詰っているのか、ファシリテーターは下記のような事項を「可視化」して相互理解をサポートしましょう。

- これまでの過程（プロセス）を整理する
- お互いの意見を並べて立場や行為がどのように「相互作用」するか整理する
- ヒト・モノ（サービス）・カネ・情報など経営資源への影響を吟味する

相互理解を支援していくために

　ファシリテーターは、対立する双方の考え方の違いが明確になるように心がけます。対立を言葉で伝えて比較するだけでは、どうしても限界があります。声が大きくなったり、話の内容が感情論にそれていくことがあります。そこに時間を費やすことも必要ではあるのですが、それよりも組織や参加者を活性化し、協働を促進させていく働きかけをしていくことが重要です。

　特に看護や介護職のリーダーには、現場のなかで対立する構図ができた場

合、対立する双方の間に入り、調整していく能力が必要です。大切なのは、それぞれの立場で何に困っているのか。あるいは、何が不満でどうしたいのかを把握することです。そのためには、常日頃から観察して情報収集をすることです。コミュニケーションを日頃からとっておくことが何よりも重要なポイントになります。そのうえで、冒頭にあげた「信用」「説明」「共感」の３つを心がけて話し合いを行います。

　お互いの立場を理解していなければ、お互いにとって働きやすい「場」をつくりあげていくことはできません。合意形成後にも、「場」は続いていくのです。その時限りの関係ではなく、むしろ合意形成後の関係性のほうが大切なのです。その意味では、合意形成後の「場」をいかにしてデザインしていくかが、本来ファシリテーターが「場」を考えるということになります。

リーダー（ファシリテーター）が見つめるべきもの

　合意形成の段階に入って、対立状況を可視化し、現状を双方が共有することができたら、リーダー（ファシリテーター）は原点に立ち返ることを提案しましょう。原点とは、目標や目的、そもそも何のためにそれをするのか、といったことです。あるべき姿と実際の姿とのズレは何で、問題はそもそも何であったのか、めざすべきビジョン（目標・夢・志）は何で、どこに向かっていくための話し合いなのか、などの原点に立ち返ってみるのです。

　繰り返しになりますが"あるべき姿"と"実際の姿"の差が問題なのです。まずは、あるべき姿を描き、成果を出している姿をイメージします。その成果を実現するための「ミッション（任務・使命）」を明確にして、達成したい「ビジョン（目標・夢・志）」を確認します。どんな人にも、どんな組織にも、こうなりたい、実現したいという成功の姿（ビジョン）があるはずです。ここまで話し合いを続けてきたメンバーであれば、この段階で改めてミッションやビジョンを確認することで、組織にとっていま必要なことは何かを理解するはずです。

　リーダー（ファシリテーター）は日頃から自分たちが担っている「ミッション」やめざすべき「ビジョン」を見つめ、常に見失わずにいることが何よりも大切です。

4-01図 合意形成に向けたプロセス

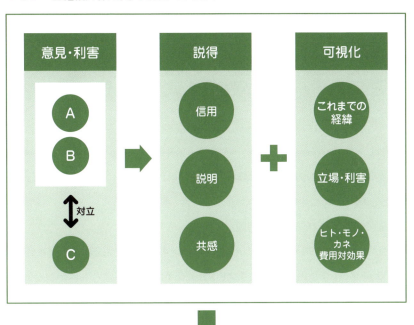
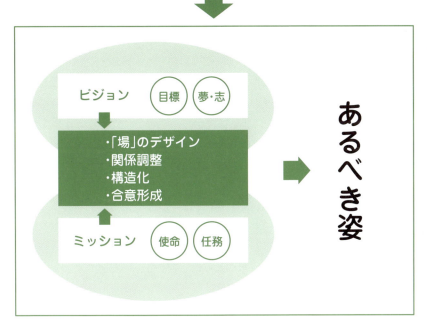

第24講 合意形成に向かうプロセスと工夫

第25講 合意形成のための関係調整

Point
- 合意形成の段階では再び「関係調整」を行う
- 関係調整のためには対人関係スキルが不可欠である
- 「場」の雰囲気をつくる要素も考慮に入れる
- メンバーの意志をフレームワークを使って可視化することも合意形成を促進させる
- ホワイトボードの活用にはさまざまなメリットがある

合意のための関係調整

　議論が煮詰まってきた状態で、合意をとりつけるためにもう一度「関係調整」を行います。具体的には、最終段階において対人関係を受けとめ、引き出していくために、これまで積み上げてきた関係調整の確認と振り返りを行います。ファシリテーションは、会議、ミーティング等の場で、「発言」や「参加」を促し、話の流れを整理し可視化し、認識が一致するように支援をしていくものです。発言者のメッセージをよく傾聴して受けとめ、そこにこめられた真の思いや意味を引き出していくことが重要です。具体的には、次のようなスキルを用います。

　よく傾聴をして、心の声を聴くようにします。もし復唱ができるなら、相手が言ったことをくりかえして確認します。質問により、その意味を引き出し、一番主張したいことは何かをたずねます。またそのときに非言語のメッセージとして表情や声、態度などをよく見ておくことも大切です。

傾聴……本当に言いたい「心の声」を聴く
復唱……確認のために相手が言ったことを繰り返す
質問……真の意味は何かを質問によって引き出す
主張……一番言いたいことは何か意見を述べてもらう
非言語メッセージの解読……表情、声、態度、しぐさをよく見る
その他のコミュニケーション……メール、書類、資料の文章から読みとる

雰囲気づくりとツールの活用

　雰囲気をつくることの重要性は第2章「関係調整のスキル」で説明をしていますが、合意形成の段階においても上記の6つの要素をうまく活用しながら、光の明るさ、参加者の選択、時間など雰囲気をつくる要素を考えることもポイントです。

　さらに、ツールの活用もファシリテーションにおいては重要なスキルです。第7講でもふれていますが、「ホワイトボード」「模造紙」などは会議の重要な道具（アイテム）です。意見をホワイトボードに書き出すことが、実は会議の効率と効果を大きく高めてくれるのです。参加者全員に見えるように書き出していくことで、話し合いの進捗がわかります。また話の論点を共有し、視点を確認することができます。議論の対象となる「話題」「異論」「反論」などが一目でわかるという利点もあります。

　また、ホワイトボードのように物理的に注目する対象があることで、同じ方向に向いて皆で話をすることができます。手元の資料に目がいくことがなくなります。また、参加者の頭の中を楽にして、会議に集中できるようになります。集中力のある人でも、空中を飛び交う言葉のすべてに注意をはらい続けていくのは困難なことです。誰かが書き留めてくれることで、メンバーは余計なエネルギーを使わずに会議に集中することができるのです。ファシリテーターは（あるいは「書記」という役割を別に選任してもよい）出た意見を図式化して、従属関係にあるのか、あるいは独立関係にあるのか、相互依存関係か、循環関係なのかなどを考慮しながら、フレームワークを使って図式化してみる技法（テクニック）を身につけるとよいでしょう。

4-02図 フレームワークの活用

独立関係

従属関係

独立関係

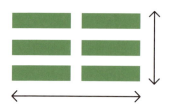

従属関係

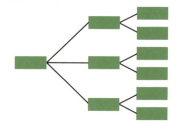

循環関係

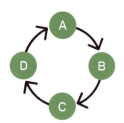

相互依存関係

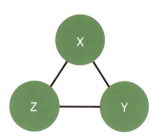

会議記録のポイント

会議ではホワイトボードを活用することで議論を有効にファシリテートすることができます。そのポイントを以下に整理してみます。

①書くに値するかどうかは考慮せず、意見・感想・アイディアをすべて書きとめておく。ブレイン・ストーミングのコツは「自由奔放」「量を求める」
②発言者の名前は記載しない
③参加者に読める大きさで書く
④記号や罫線、囲みなどビジュアル(視覚的)に表現する
⑤速さを優先して誤字・脱字は気にしない。難しい漢字はひらがな、カタカナで書く
⑥書く速度が発言に追いつかないときは、少し待ってもらう
⑦聞き取れないときは聞きなおす
⑧重要なことの書き漏らしや、モレ、省略があった場合は指摘してもらう
⑨ポイントをとらえて言い換えたりせず、発言者の言葉どおりに書く
⑩なるべくボードの方を向いたままでいる(聞き直すときは振り返る)

ホワイトボードをうまく活用することで、チームとしての一体感が醸成される効果もうまれます。道具(ツール)を上手く活用すれば効果がでるので、ぜひ板書するなどの方法を使って、フレームワークにあてはめて概念化(コンセプチャル)をしたり、問題解決(対策)に導いていきましょう。

ホワイトボードにもさまざまな種類があります。はじめから黒色のライン(線)が引いてあり、日程表として活用できるスケジュール機能を備えたホワイトボードもあります。また、自由記述ができる枠をもうけているものもあります。このような業務効率を高めていく工夫がされているツールもあるので、積極的に活用してみましょう。

第26講 合意形成に向けた定性・定量評価

Point

○問題は「質的問題」と「量的問題」に分類すると構造化しやすくなる

○問題をリストアップする際にはMECE（ミッシー）を心がける

○質と量の評価を「定性評価」「定量評価」の一覧表に整理する

○評価表はひと目で比較・評価できるよう工夫する

事例で考える合意形成

　ある介護施設での出来事です。理事長からあるリーダーに対して、次のような依頼がありました。
「施設のサービスについてクレームが続いています。利用者だけではなく、家族からのクレームもあがってきています。サービス全般の評判が下がってきているといっていいでしょう。現場に限らず、事務スタッフも含めて全職員に問題がある可能性が高いです。ここに、お客様からのクレームの窓口業務をしている部署から集計データがあがってきています。具体的に、どんな問題点があるのか、介護スタッフ、事務スタッフ、営業スタッフの問題を洗い出してほしいのです」
　この問題について原因を探り、必要な対応策を立てるには、MECE（モレなくダブリなく）で論理的に筋道をたてて考えてみることから始めるといいでしょう。集計データを整理して、「質的問題（サービス内容）」と「量的問題（サービス量）」、さらに「それ以外の問題」に分類します。何が問題で、原因はどういうことだったのか。そして必要な対策は何か。問題を分類するだけでなく、構造化していくことがポイントです。

合意に向けての整理

「質的問題（サービス内容）」と「量的問題（サービス量）」という切り口で整理していくと、次のようなことが明らかになりました。介護スタッフの問題点は、質的問題（サービス内容）の力が不足していること。さらに量的問題（サービス量）においても問題点が見つかりました。

4-03図 「質」と「量」の整理

質的問題（サービス内容）
- 笑顔で気持ちよく挨拶ができない
- 遅刻・早退が多い
- 対人関係（利用者・業者・上司対応）がうまくとれない
- 介護技術不足で利用者が不安になっている
- 丁寧に対応する人と雑に済ませる人との温度差がある

量的問題（サービス量）
- 入浴の準備に時間をとられて入浴時間が短くなった
- 食事の準備に時間をとられて食事時間が短くなった
- 時間の使い方が上手でないため、デイサービスのプログラムにあてる時間が減った
- 残業が多くイライラしている職員が増えている
- 職員の数が全般的に不足している

（相互に重複しない）

整理することによって見えてきた質的問題と量的問題を、例えば上の図のようにまとめると、MECE（モレなくダブリなく）に整理されてわかりやすくなります。これらの項目をさらに分解していくことで、さらに具体的な項目へと落とし込まれていきます。これにより原因の追究が深まり、対策の質が高まってくるのです。

さて、もう一度、質的な問題をみてみましょう。例えば「笑顔で気持ちよく挨拶ができない」という問題があります。この理由を探ってみると、忙しくて頭を下げるどころではなかったという状況があったことがわかりました。また、「対人関係（利用者・業者・上司対応）がうまくとれない」という問題があります。この原因は、急変する現場において、報告、連絡、相談

よりも利用者の体調変動への対応を優先した結果であったことがわかりました。このように、現場は想像もつかないくらい忙しいなかで仕事をしています。こうした実態を見ることなく、クレームの集計の結果だけを表層的にとらえて「挨拶ができていない」「コミュニケーションスキルに問題がある」と判断してしまっては早計といえます。

定性評価と定量評価

合意形成に至る、最終的な意思決定においては、本質をとらえた正確な判断が必要です。そのためには、定性的評価（数値化できないもの・質）と定量的評価（数値化できるもの・量）を一覧表に整理して、事実の把握を行うことが重要です。そのあとで、それぞれの評価にもとづき、正しい判断をすることが大切です。この一連のプロセスは、最終判断（合意形成）を適切なものにしていくためにも、十分に理解しておくべき視点です。

4-03図で整理をした質的問題（サービス内容）と量的問題（サービス量）は別々に存在しているのではなく、相互に関連しているものもあるはずです。最終的にはそういった要素にも目を行き届かせて最終判断（合意形

4-04図 定性評価（数値化できないもの）　＊記号・図形で評価する

定性評価

項　目	A施設	B施設	C施設
介護サービス	○	◎	△
施設ブランド	◎	○	○
顧客満足度	○	○	◎
安全面	○	△	○
総合評価	◎	○	○

成）をしていくことが重要です。

　定性評価（質の評価）を一覧表に整理する際は、4－04図のように記号・図形で表す場合や、文字や絵などを活用する場合もあります。顔の表情で「良い」「普通」「悪い」を表現したり、天気の晴（太陽のマーク）、くもり（雲のマーク）、雨（傘のマーク）で表すこともあります。

4-05図 定量評価（数値化できるもの）　＊数字・単位で評価する

定量評価

項　目	A施設	B施設	C施設
駅からの距離	3Km	2.5Km	1.3Km
価格（万円）	17	19	20
職員数	80	50	60
定員	100	60	80
総合病院までの距離	徒歩3分	徒歩8分	徒歩10分

　定量評価は数字で表すもの、または単位で表すものがあります。距離や金額、人数、割合など、数値化できるものを使って評価をして表します。4－05図にあげた距離（km）、価格（万円）、職員数（人）などのほか、質量の単位（kg）、時間の単位（時・分・秒）、電流（アンペア）、温度（℃）などが単位として使われます。

　定性評価も定量評価も、ひと目で比較することができたり、評価することができるわかりやすい表現をされていることが重要です。理解しやすく評価しやすいように工夫・整理されたものがすぐれた表であり、最終判断（合意形成）を行う際の有用な資料となります。

第4章　合意形成のスキル

第26講　合意形成に向けた定性・定量評価

第27講 合意形成に向けた最終調整

Point
- 合意形成とは「新しい価値」を見つけることである
- 「新しい価値」を生み出すキーワードは「論理」である
- 問題・原因・対策の各段階で合意形成の視点をもつことが重要である
- 最終段階でミッションとビジョンとの整合を再確認する

合意に向けた最終調整

　さあ、いよいよファシリテーターは合意に向けた最終段階を迎えました。これまでの話し合いの結果、意見や考え方が対立をしていましたが、異なる見解や利害を乗り越えて合意に向けて最終調整に入ろうとしています。ここから、到達すべき合意点に向けた議論に入ります。**ファシリテーターは「議論」を導いていくために、論点をわかりやすく構造化（または図式化）する**ことが求められます。この段階では、意見の違いがでたとしても、どちらが良いとか悪いとかではありません。双方の「意見」や「利害の違い」をお互いに理解し共有をしたうえで、それをうまく活用し、新たな価値の創出に導いていくことが重要です。つまり、一致させることだけがゴールではなく、**利害の対立から「新しい価値」を見つけることも合意形成の重要な側面なのです**。
　そのためには、ファシリテーター自身が双方の意見や利害、価値観を共感的に理解し、そのうえで対立する双方に「感情」を離れて「論理」にもとづく議論を行うように粘り強く伝えていくことが重要です。「新しい価値」を生み出すキーワードは「論理」です。

たとえば、組織の問題で「利用者家族からのクレームは、事務で担当すべきだ」「いや、これは介護部が招いた問題だから、介護部門で担当すべきだ」という対立ができたとします。この場合、この状態にとどまっていては、問題の本質を掘り下げて考えているとはいえません。さらに深く、原因を追究する必要があります。また、利用者（顧客）不在の話し合いになっています。順を追ってサービスの低下の原因を分解し、さらに「なぜ」このようなことが起きたのかと、「なぜ」を繰り返して原因追究をしていくことが大切です。深く掘り下げていくことで、原因がさらに具体的になっていくはずです。このときに、ロジックツリーの各段階（レベル）ではダブリがないか、MECEに注意して分解していくようにします。「もう限界だ」というところまで原因を深く追究することで、本当に必要な対策や事務部門と介護部門の双方が納得できる合意にたどり着くことができるのです。ファシリテーターはあくまでも「論理」にもとづき、議論を導いていくことが期待されています。

4-06図 合意形成の概念図

対策の最終確認

　合意形成を進めていく段階で、目標達成に向けた対策ができあがり、経営資源を集中投下していくことになりました。ここで大切なことは、対策にたどり着いた道筋の再確認をすることです。たとえば、ロジックツリーをMECEで整理できているか、やろうとしていることに「モレ」はないだろうか、「抜け」落ちている点はないか、さらにやっていこうとしていることに

「ダブリ」や「勘違い」「誤解」はないだろうか、といった点を確認していきます。

ロジックツリーをMECEで整理していく手法は「第3章 構造化のスキル」で紹介しています。一言でいえば上位概念を下位概念にツリー状に論理的に分解していく手法ですが、概念が分解されればされるほど具体的なものになっていきます。概念を分解する際に4-07図のように表現することで、①問題は何か、②原因は何か、③対策はどうするか、という各段階において、目視で「ダブリ」「勘違い」「誤解」などを確認することができます。

4-07図 ロジックツリー

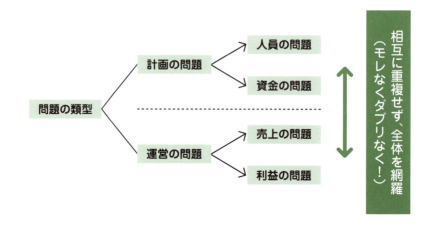

ミッションとビジョンに回帰する

さらに最終段階で改めて振り返っておく必要があるのは、その対策がミッション（任務・使命）やビジョン（理想・構想）と整合性があるか、目的と目標に矛盾はないかです。的外れな目標を立ててしまったら、どれだけ素晴らしい対策を取り決めて合意したとしても、いざ業務を進めていく段階ではうまくいかないものです。合意した実行策はミッションやビジョンに照らして整合性があり、かつ具体性や客観性、信頼性や妥当性もある対策になっているのか、合意形成していく最終段階で確認すべき重要事項です。

4-08図 各段階における合意形成の視点

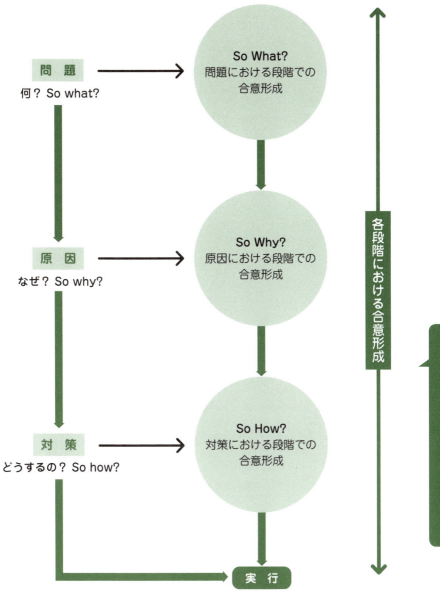

第27講 合意形成に向けた最終調整

第5章 ファシリテーションの実践

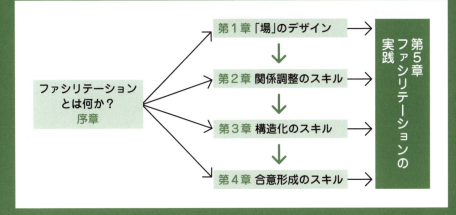

1 序章〜第4章の振り返り

　これまでの各章をおさらいしてみます。序章では、ファシリテーションとは何か、その定義などを紹介しました。第1章ではチームの「場」の雰囲気や、会議の「場」の雰囲気をいかにしてつくりあげていくか、チームの活性化の重要性について話をしました。会議の「場」をデザインするというのは、この会議には誰を参加させることが効果的、あるいは重要であるのか、または会議の机の並びやレイアウトはロの字型がよいのか、あるいは円卓型がよいのか、複数の集団に分けた会議にすると意見交換が闊達になるのかなど、「レイアウト」「参加者」「会議運営」「テーマ設定」「人数」など多くの項目にわたってデザインしていく重要性などを解説しました。

　第2章では関係調整のスキルに焦点をあてました。チームをまとめて目標に向かわせる基盤づくりや、そのための効果的なコミュニケーション方法などを紹介しています。計画的にプランをしっかりとたてること、実施の段階ではムダな動きを排除してムラのある偏った動きがないか確認する。また話す、伝えるといった基本的なプレゼンテーションの技術について説明をしました。プレゼンテーションの種類、資料作りのポイント、オープン・クエスチョンやクローズド・クエスチョンなど質問のしかた、また相手の話を聞く"傾聴"の重要性についても取り上げました。

　第3章では構造化のスキルを解説しました。問題は何かを特定し、原因を深く追究して対策をたてていく。課題をあげて対策を実行していくための方法論をわかりやすく説明しています。

　第4章では、第1章から第3章までに行ったファシリテーション技術を用いて合意形成に導く方法論について説明をしました。「目標の共有」から「協働意欲の醸成」、「ミッションやビジョンの再確認」まで、チームづくりに必要不可欠な要素が含まれています。

　この第5章では、ここまでに述べてきたファシリテーション技術の「実践」について説明をします。

5-01図 本書の全体構成

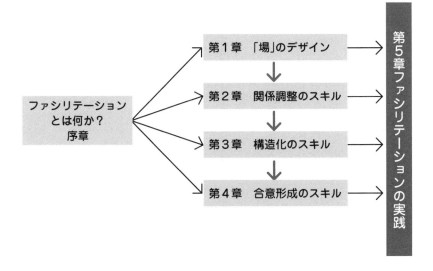

2 「場」のデザインの実践

　ファシリテーション技術が実際の看護・介護現場で多く使われるのは、立ちながらの会議や定例会議、ミーティングなどの場面です。参加者の発言を促し、発言を板書し、議論の流れを整理し、参加者の認識を一致させるために、さまざまな方法がとられます。「場」をつくる実践では、意見の発信を促進すること、意見の共有化の推進が重要です。場のデザインのスキルとは、場をつくり、つなげていくことです。「場」にもいくつかの種類があり、意思決定の「場」もあれば、情報共有や問題解決の「場」もあります。

　施設内において立ち会議や定例会議、ミーティングを行う際に大切なのは「目的」です。今回の会議の目的は何か、あるいはこのミーティングは何について話し合うことを目的にしているのか。それによって集めるべき人物、伝えるべき人物も変わります。

　さらに、この話し合いでは、誰がキーマンになるのかを考えることも重要

5-02図　「場」の種類と行うこと

場の種類	行うこと
①意思決定の「場」	選ぶ・決める
②情報共有の「場」	発信・収集
③問題解決の「場」	事実確認・みつける・探す

です。「意思決定」の際、参加を求めるべき重要な人物は誰かを考えて「場」を設定します。「情報共有」の場では「発信」や「収集」をすることが主題になります。その場合、参加するべき人物は誰かを考え、情報を持っている人物と情報を共有すべき人物を集めます。「問題解決」の場であれば問題発生の原因について知っている人物を集め、問題についての「意見」を聞く場合は専門家という立場にある人物から聞いてみることも必要です。問題に関連する事実をしっかりと確認していくことが最初の仕事です。問題は何かを明確にした上で、原因をさぐり、必要な対策をたてていきます。

　上記以外にも、「場」は無数に存在します。デイサービスの送迎では利用者の自宅の前に車を停めて、利用者を乗せて施設の入り口まで送ります。その際、自宅の前で利用者を車内に案内している間に家族の方から得られる情報が多々あると思います。「来週月曜日ですが、私は仕事でおばあちゃん一人です。いつもは電話を受けてから家の前に出ますが、その日は本人を家で待機させていますので、ピンポンを鳴らしてください」という話があったとします。こうした自宅前も立派な「場」です。利用者や家族が話をしやすい、相談しやすい「場」は、日ごろのコミュニケーションを通じてつくられていきます。

3 関係調整のスキルの実践

　日常の立ち会議からミーティングまで、ファシリテーションを実施すると、チーム活動は活性化します。この段階まで至れば、問題解決でいう「発散の場」は作りやすくなります。「発散」の際には批判厳禁で自由奔放に思いを語り合い、あらゆる仮説を引き出し、チームとしての意識と相互理解を深めていきます。ファシリテーターは、メンバーからの意見やその行間に隠れたメッセージを受けとめ、そこにある「意味」や「思い」を引き出していきます。実践で使う具体的な手法としては「傾聴」「復唱」「質問」「主張」「概念化」「ＭＥＣＥ（モレなくダブリなく）」「非言語メッセージの解読」などです。コミュニケーションスキルの活用を意識してください。「発散」の場面でファシリテーションを行う際には、発言を可視化し、発言の自由を演出するために、以下の道具（ツール）を使用すると有効です。

「発散」の場面で使用する道具（ツール）
- 模造紙
- Ａ４メモ用紙
- マジック（油性・水生）
- マーカー
- フェルトペン
- 付箋またはポストイット
- ホワイトボード
- ホワイトボードマーカー
- キッチンタイマー
- セロハンテープ

本書で説明したスキル
- 論理的思考技法（ロジカルシンキング）
- 情緒的コミュニケーション
- 傾聴
- 問題・原因・対策の３段階の思考法
- 課題的コミュニケーション
- ブレイン・ストーミング
- ロジックツリー
- 説得のプロセス
- マトリクス
- ２次元マップ（３次元マップ）
- オープン・クエスチョン
- 循環型
- 音声のコントロール
- クローズド・クエスチョン

対人関係のスキルを駆使して、会議の参加メンバーが本音で自由闊達に発言できるような雰囲気づくりを心がけていきます。そこでは常に根底に「正しさの追究」をしていくことが重要であり、人を追及して「誰がやった」「誰が言った」と犯人捜しの場にはしないことです。「何について」「何という出来事（事実）があったのか」、それについて「何を言っているのか」を重視することです。つまり、組織の上下関係（ヒエラルキー）を重んじることなく、アイディアの批判や迎合も決してしないことです。意味のある会議を進めていくことに注意を注ぎます。あくまでもファシリテーターは、関係調整のスキルを駆使して、会議の参加者に適切に「問い」「投げかけ」をしていくことです。参加者の意見やアイディアを活性化させ、問題の「本質をとらえ」「本質を引き出す」質問を投げかけることです。これが立ち会議や定例会議の「深さ」を決めます。

　ファシリテーター（もしくは書記）は、各自から出た意見をホワイトボードなどに書き出し、必要によってそれらを図式化（ビジュアル化）し、参加者がわかりやすく、話し合いの論点がずれることがないように支援していきます。話し合いですから、当然意見の衝突や対立があり、紛糾してばらばらになりそうになったり、あるいは意見が２つに分かれたりして迷路に入ることがあります。そのときこそ、関係調整のスキルを活用して、本来の目標や目的、チームのめざす理想に近づくことができるように、時には引っ張っていく気持ちをもって実践していくことです。

　ホワイトボードの書き方にルールはありませんが、分割法、縦書・横書評価法など、いくつかの定評ある記載法があります。縦書・横書評価法は、問題点を出し合った後、原因を追究して書き出し、最後に解決策を話し合います。このとき、解決策（対策）のスペースを広くとっておくのがポイントです。そして、「問題」と「原因」と「対策」を一直線上に並べます。こうすると全体が一目で見えるので、他の問題との重複の有無がわかります。こうした記載法を駆使することによって、問題に対して真の原因をつかみ、必要な対策を多く挙げて検討することが可能になります。つまり、多くの問題に対し、広く深く議論を展開していくことができるのです。ここまでくれば、次のステップの「問題・課題の構造化のスキル」につなげる準備が整ったといえます。

5-03図 ホワイトボード活用のメリット

1. 意見を記憶しなくてよい
2. 考えに集中できる
3. 意見を広く大きく書きやすい
4. 出た意見をみて考えをまとめやすい
5. 同じボードを全員でみて集中ができる

縦書法

ヒト	モノ	カネ	情報

縦書きで意見を整理する板書法。

横書法

ヒト	
モノ	
カネ	
情報	

横書きで意見を整理する板書法。

＊縦書法も、横書法も、一般的に広く使われている手法

分割法

	A	B	C
1	○○について	いつ	どこ
2	○○について	いつ	どこ
3	○○について	いつ	どこ

縦書・横書評価法

問題	原因	対策

4 構造化のスキルの実践

　問題を「発散」した後は、「収束」（図式化・構造化）の段階に移ります。ここでは、論理的に筋道をたてて議論することが肝要です。しっかりと議論をかみあわせながら、議論の全体像を整理して、論点を絞り込んでいきます。図解を使いながら、議論をわかりやすいかたちにまとめていくのが一般的です。この段階では、ロジカルシンキングをはじめとする思考スキルが有効になります。できれば図解ツールをできるだけ多く頭に入れておいて、議論に応じて自在に使い分けられるようになるとよいでしょう。参加者の認識を一致させていくためにも、議論されてきたことや参加者の発言を記録し、図式化することは有効です。グラフィック化（図式化）することで、下記のような効果が期待できます。

1．議論の内容、進捗、論点の明確化
2．図式化による創造性の触発（意見・アイディア）
3．感情論（エモーショナル）から理論（ロジカル）への転換
4．言語情報と図解イメージによる相乗効果

　ファシリテーターは会議の進行だけではなく、実践の場では書記を務め、論点整理などプロセスに関与することが多くなります（ファシリテーターは

5-04図 ロジックの地図化

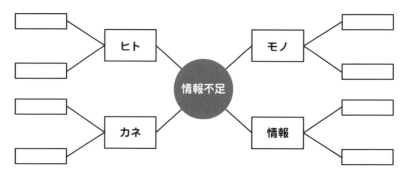

進行に集中し、別に書記役をたててもかまいません)。議論の全体像を整理する際には、マインドマップなどのロジックツリーをマッピング（地図化）した思考法、発想法を活用するとより流れがつかみやすくなります。

ロジックの地図化を行う際には「問題点」あるいは「原因追究」など、議論を深めていきたい項目や概念を中心に置きます。そこから放射状にキーワードやイメージを広げ、つなげてマップのように描いていきます。思考を整理し、発想を豊かにし、記憶力を高めていく効果があります。想像（イマジネーション）と連想（アソシエーション）を用いて思考を展開することができます。この方法をとることによって、複雑な問題が絡み合っていても、コンパクトに表現することができ、理解が早まるといわれています。複雑な概念などを考えるときに適しています。

また、メモリーツリーも同様の発想法で高い効果を得ることができます。放射状による板書法で、マップ状に位置づけや意味を一覧することができ、全体の関係が視覚的にわかりやすくなるメリットがあります。ある1つの問題、テーマについての考えを放射状に展開していくときに適しています。ブレイン・ストーミングなどで自由闊達に意見を出し合って、発想を広げていく場合などに有効です。海外では義務教育の段階で教えられています。

読者の現場において、使えそうな道具（ツール）があれば、上手に活用することが大切です。多忙な業務に追われるなか、じっくり話し合う時間や場がもてなくても、問題点・原因などが複数絡み合っているものを図やマップ

5-05図 メモリーツリー

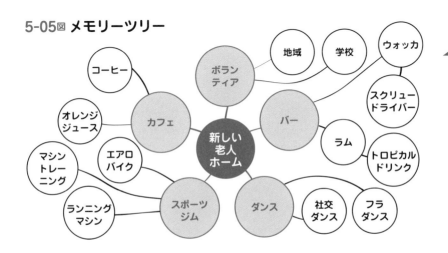

にして流れを整理することに適しています。ぜひ、活用していただきたいと思います。

複数の問題が絡み合っているなかで、構造化を行い、創造的なコンセンサスに向けて意見をまとめていきます。問題解決のプロセスでいえば、何をやるべきか、優先順位をどう設定するか、意思決定の段階に入ります。多くの場合には、ここでさまざまな対立が生じるといわれています。現場では意見がまとまらないことがあるかもしれません。そのようなときは、緊急性、重要性などオプション思考を活用して、何が重要で何が緊急なのかを見極め、合意を目指していきます。

あらゆる現場で、複数の関係者がよりよい結果を求めて合意形成をはかる場面が多くなっています。ファシリテーションでは、お互いの意見や利害を乗り越えて合意に至ることに主眼を置きます。あるべき合意点に向けて、議論をリードしていくための、議論の設計方法、論点の構造化、実際の場面でのさばき方が重要です。

5 合意形成のスキルの実践

「ネゴシエーション」という考え方があります。双方の意見や利害の違いを活用して、自身や関係者にとっての新たな価値を創出するという考え方です。ネゴシエーションは表面上の駆け引きのテクニックではなく、互いの利得を考え、自身さらには関係者にとっての価値を創造していくための「協働」の方法論だといえます。

これからの時代は、「私が決め・メンバーに実行させる」という命令型ではなく、「メンバーから問題意識を引き出し・メンバー自身が対策を決め・メンバーが自ら動くようになる」ことを実現する合意形成・ファシリテーション型のリーダーシップと、「協働」により新たな価値を生み出す交渉スキルが大切になるといえます。

リーダー（ファシリテーター）には、参加者または組織に対して良心に基づいた「達成イメージ」への情熱と信念が必要とされます。容易にするこ

と、簡易化、助成、助長を意味するfacilitateから、エンカウンターグループ（本音を表現しあい、お互いを認めあう集団）の実施者として機能していけたら、最高のファシリテーターです。

　合意形成に向けての段取り、進行、プログラムといった、活動の目的を達成するための外面的なプロセスと、メンバー一人ひとりの頭や心の中にある内面的なプロセスの両輪を回していくことが必要です。具体的には、チーム活動を円滑に進めるための「場のデザイン」から「関係調整」を経て「合意形成」に至るファシリテーションの構造的なプロセスと、考え方や筋道などの思考的なプロセス、さらには感情の動きやメンバー同士の関係性などの心理的な内面のプロセスのいずれにも目配りすることが大切なのです。なかでも特に成果に影響を与え、チームメンバーの満足感を直接左右するのは内面的なプロセスです。

　チーム活動のなかでは、メンバーの考え方の枠組みやさまざまな思いがぶつかりあって、感情も関係性も常に変化しています。変化するからこそ、新しい考えが生まれ、対立している人との合意形成が可能になります。さまざまに変化する状況のなかで合意形成を実現することが、まさにファシリテーションの効果といえるのです。

　これからの時代は、リーダーだけでなく、メンバーの一人ひとりが自分で考えて行動することが要求されるようになります。すべての人が「自分へのリーダーシップ」を発揮することが求められるでしょう。リーダーはビジョンを示し、ビジョンの実現に向けてファシリテーションを行えるようにリーダーシップを発揮します。一人ひとりのメンバーもまた、自分自身へのリーダーシップを発揮して自らを律していくことが大切になります。

　ビジョンは、大きな海原を航海していくうえでの大切な「道しるべ」の役割をはたします。しかし「道しるべ」を手にしても、旅を始めなければ、何ももたらされることはありません。ビジョンを明確にすることができたら、今度はそれをいかにして実現していくかが大事なのです。達成したい目標に向かって、全員で進んでいくチームをつくりあげていく。ビジョンを実現するために、よい影響を与えることができるファシリテーションを実践する。それがあるべきリーダー（ファシリテーター）の役割です。

ケース
スタディ

チームの不協和音の改善

> **事 例**
> 中堅職員のA職員は、異動により2階のフロアーを担当して1年半。ミスが多くて周りに迷惑をかけている。リーダーはシフトを上手く組み直すことで、なんとかフォローできる体制を整えてきた。しかし、周りの雰囲気がさらに悪くなり、「これ以上この状態が続く場合は施設を辞めたい」と申し出るものが続出した。どのようにしてまとめていけばよいか。

①場のデザイン

　このケースの場合、リーダー（ファシリテーター）として最初に着手すべきことは、不協和音が起こっている「実際の姿」を理解することです。本来の「あるべき姿」にしていくためには、プロジェクトを立ち上げる、ブレインストーミング手法を用いる、コミュニケーションを強化するために「飲み会」「食事会」を開くなど、さまざまな方法が考えられます。今回の場合は、「会議」という方法を用いて問題解決にあたった場合、どのように場をデザインして、解決に向けた対策をとっていけばよいのかを考えてみたいと思います。

会議を開く前に

　会議を開く前にファシリテーターとして留意すべき点は次の通りです。
　まず、誰を会議に呼ぶか、何を話し合うかを決めます。さらに誰と誰につ

いての話し合いかを明確にしておくべきです。ここが明確でないと、話し合いの焦点がぼやけてしまうからです。事前に一人ひとりにヒアリングをしたほうがいいのか検討することも重要です。

会議を開く時間帯については、忙しい時間をさけて、なるべく手のあいたときに話し合いをするよう設定します。話し合う場所は、会議室でも、あるいは休憩室、食堂などでも可能です。ただし、周りの人に聞かれたくない話のときは、個室で話をするのがベターです。参加者が着座するテーブルも円卓、四角テーブル、ロの字型など、いろいろと特徴があるので、それぞれの特徴を考慮した上で設定することが大切です。（詳細は第6講に説明をしていますのでご参照ください）

> **会議を開く前に考えるポイント**
> ①誰を呼ぶか？
> ②何を話し合うか？
> ③誰と誰について話し合うか？
> ④一人ひとりに事前に話を聞くべきか？
> ⑤会議を開く時間と場所は？
> ⑥テーブルの形は？

今回のケースでは、職員A、B、C、D、E一人ひとりに話を聴くことが大切です。問題や課題の原因を探るうえで、関係者が感情的になっているか、対立構造になっているか、誰と誰が施設を辞めたいほどの気持ちになっているかをある程度把握しておくことが大切だからです。今回のケースでは、リーダー（上司）が間に入って、上司対A、B、C、D、Eという構図にする方法が有効でしょう。リーダーが間に入ることで、A個人を悪者にするのではなく、メンバーの士気を保つ対話が可能となります。

> **今回の場合**
> ①会議を開く前にA，B，C，D，E一人ひとりに時間をかけて話を聴く
> ②上司対A，B，C，D，Eの構図にする
> ③話を聴く時間帯は業務前は避ける
> ④ふだんの打合せルームで直角法で聴く

第5章 ファシリテーションの実践

「場のデザイン」におけるリーダーの役割

　病院や介護施設においては、患者・利用者のために何ができるのか、そのためにいま何が「必要」で、克服すべき「課題」は何かといったことを常に考えておくことが重要です。

　同時に、チームでの「一人ひとりの力」の合計以上の質の高いパフォーマンスを発揮することができるようになること、一人ひとりが成長していく、強い働きかけの力になる「場」を創造していくことが重要です。

　そのためリーダーには、「今、このチームは何をすべきか」、さらに「職員一人ひとりはどう患者・利用者と向き合い、何をすべきか」「そのためには何が足りないか」という視点を常に持ち、日々の仕事に取り組むことが求められています。

　民間企業では不況が長引いたりするなどの環境の変化に応じて、そのつど営業戦略を変革しています。病院や介護施設などにおいても、さまざまな環境変化に対応し続けていかなければなりません。これまでの方法ややり方に固執していては、患者・利用者に本当に必要な質の高いサービスを提供し続けることは難しいでしょう。チームをとりまく環境の変化を感じ取り、内部的（職場）な視点だけでなく、外部的（顧客＝患者・利用者）な客観的な視点でも自らの職場を観察し、現状を見極め、変化に柔軟に迅速に対応できるようにしていくことが大切です。

②関係調整

関係調整に向けて

　このケースのような不協和音がすでに起こってしまっている職場では、どのように関係調整をはかっていくべきでしょうか。まずやるべきことのひとつは「コミュニケーションの促進」です。「辞めさせるべきだ」とか「異動させるべきだ」といったことを前提に話し合うと、メンバーの士気が下がってくることがあります。極力それは避けたいものです。まずはメンバー間のコミュニケーションの量を増やし、関係調整の土台づくりを行うことが大切です。

一番陥りやすいのは

A 対 B

C

D

E

その上で、フロアーの不協和音、つまり雰囲気が悪くなったのは本当にAのミスだけが問題なのかをしっかり見極めることです。つまり、Aを退職や異動させることで雰囲気は良くなるのか、あるいはミスは起こらなくなるのかという観点から考えることが重要です。

チームを「体質改善」へ導く
　生活習慣の改善がより健康的な体質改善につながるのと同様に、職場全体の体質を改善するためには、組織としての健康的な業務習慣を身につけておくことが重要です。職員一人ひとりの意識が変わることが、チーム全体の体質を変えることにつながります。今回のケースでは、A、B、C、D、Eというメンバーの「思考」と「行動」が、組織の体質に結びつきます。今回のケースの関係調整のポイントは、問題意識をもって同じ目標を共有し、その方向に向かって進んでいくチームに変革していくことです。（第1講にあげた、チームの体質が「良好」なチームと、体質が「悪化」しているチームの違いについて再度チェックしてみましょう）

今すべきことは「チームマネジメント」
　「チームの体質」は、成果に直接的に結びつくものです。一方、リーダーの考え方や人間性、価値観や行動様式などはメンバーの人間性、行動様式などに影響を与えます。それはチームの体質にも影響を与えて、そのまま成果にも反映されていきます。

　強力なリーダーシップとは、強引に物事を進めていく強さではなく、強制的に何かを一方的に指示することでもありません。チームにいま何が必要かを見極め、的確な働きかけをすることです。「見極め」と「働きかけ」、これらの的確な見通しができるリーダーであることが重要です。

　不協和音が顕在化しているチームの体質を変えるのは、リーダーとメンバーの相互作用です。リーダーが強いリーダーシップを発揮することでチームの体質を改善すれば、メンバーの相乗効果によりチーム力は高まっていきます。今回のケースでも、リーダーは会議に臨むにあたって「チームマネジメント」（チームの体質改善）に取り組む意識を強くもつことが重要です。信念や想いなどを達成しようとする気持ちをもったメンバーがある一定の数を超えたときに、組織やチームはドラスティックに変革をとげます。

③課題の構造化

合意形成に向けた戦略

　今回のケースでは、問題を解決するために「会議」という手法を用い、コミュニケーションの促進とリーダーシップの発揮によってチーム力の向上をはかろうとしています。

　ここでは、著者が行った「介護施設におけるコンピテンシー（行動特性）研究」の結果をもとに、このケースの課題を構造化し、合意形成に向けた戦略を考えていきます。

　下の図は、同研究の結果から「コミュニケーション」「表現力」「関係調整」「働きがい」「活気」の相互の関係性を整理したものです。◎は強い関係、○はやや強い関係、△は少しの関係、×は関係が弱いことを示します。

各因子の相関関係

	コミュニケーション	表現力	関係調整	働きがい	活気
コミュニケーション					
表現力	△				
関係調整	○	◎			
働きがい	△	◎	△		
活気	○	△	◎	×	

◎ 強い関係　　○ やや強い　　△ 少しの関係　　× 関係が弱い

　この結果からは「表現力と関係調整」「表現力と働きがい」「関係調整と活気」の間に強い相関関係があり、「コミュニケーションと関係調整」「コミュニケーションと活気」の間にやや強い関係があることが読みとれます。

　今回のケースにこの相関関係を適用すると、次のような流れを描くことができます。

・メンバー個々人の表現力とコミュニケーション力を高めることで関係調整力が強化され、チームの活気が高まる。
・個々のメンバーの表現力を高めることは、働きがいの向上につながる。

相関図

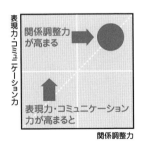
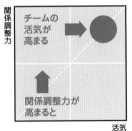
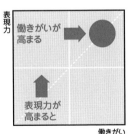

　そこで、今回のケースの問題解決にあたっては、メンバーのコミュニケーションスキルを高めることに注力する、という戦略が立ちます。メンバー個々人の表現力、コミュニケーション力を高めることができれば、個人においては仕事に対するモチベーションが高まり、チームにおけるメンバー間の関係性も向上していきます。それがひいてはチームの活性化につながり、A職員のミスに関しても、チーム内で解決策を話し合う機運が生まれてくることが予想されます。

解決（合意）に向けた戦略

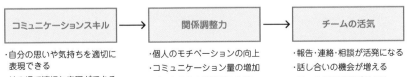

④合意形成

会議の進め方

　課題の構造化ができたら、いよいよ合意形成のステージに移ります。
　今回のケースでは、チームに生じた不協和音を解決するために、「会議」という手法を用いて解決をはかろうとしています。
　リーダーは会議を開く前にA～Eの個々のメンバーとじっくり話し合い、

それぞれの胸の内を聴いています。会議が始まったら、リーダーは会議開催の趣旨（チームとして今の不協和音をどう解決していくかを話し合う）を説明し、各メンバーと事前に話をしたなかで感じたこと（メンバーそれぞれは患者・利用者のために良い仕事をしたいと思っていることが改めてよくわかった、など）を述べます。そのうえで、問題提起（どんな解決策がありうるか、建設的な意見を出し合おう）を行います。

メンバーは事前にリーダーに思いの丈をぶつけているため、会議における発言はA職員に対する個人攻撃にはならないでしょう（もしそのような発言があった場合は、リーダーは「チームとして取り組めることは何かを考えよう」と軌道修正します）。会議のなかでさまざまに出された改善案を、リーダーはホワイトボードなどに「すぐにできること・時間がかかること」「個人で取り組むこと・チームで取り組むこと」「チームでできること・外部に依頼すること」などの軸を使って整理します。合意形成をはかる際には、このようにプロセスを「可視化」して整理することが重要で、ファシリテーターの大切な役割になります。

議論がある程度出尽くしたところで、リーダーは「③課題の構造化」において立てた戦略を実行するべく、「表現力・コミュニケーション力の向上」に取り組むことを提案します。実際、このチームの問題の一つはコミュニケーション不足であり、会議における議論においてもそのことが見えてきているはずですので、メンバーの多くは納得してくれることでしょう。

リーダーに求められる「説得力」

「施設長やリーダーは説得業である」という言葉もあるほど、リーダーにとって説得力は重要な力です。説得力とは、端的に言えば、聞き手に「もっともだ」と思わせる力のことです。決して相手を「説き伏せる」ことでも「言い負かす」ことでもありません。大切なのは、話を聞いた相手が納得して、主体的に、自発的に動き出すことです。

通常、人が他人の話を聞いて自発的に動き出す（説得が奏功する）までには、①話に注意を向ける（話を聞こうという体勢になる）、②話の中身を理解する、③話に納得して動き出す、の3つのステップがあります。

また、説得力を分解すると、大きく分けて3つの要素から構成されています。「信用力（信頼感）」「説明力（伝達力）」「共感力（理解力）」です。

このうち、信用力とは、聞き手が話し手をどのくらい信用しているか、ということです。話し手と聞き手の間でそれまでに積み上げられてきた信頼関係や話し手の人徳などが直接反映されます。上記の説得のプロセスでいえば、「①話に注意を向ける」ことができるかどうかは、信用力の有無にかかっているといえます。

　説得力の２つ目の要素の「説明力（伝達力）」とは、説得したい主張や要求をわかりやすく正確に、そして効果的に伝える力のことです。「説得行為」の中心を成すスキルです。上記のプロセスでは「②話の中身を理解する」ステップをクリアする力です。説明力は「論理力」と「表現力」から成り立っていますが、これらはトレーニングにより身につけることができるため、「説得行為」のなかでは比較的習得しやすいスキルといえます。

　３つ目の要素「共感力（理解力）」とは、話し手が聞き手のことをどれだけ理解し、共感しているかということです。話し手側が聞き手の気持ちをくみ取りながら話を展開していけば、聞き手は話の中身を受け入れやすくなります。つまり、話し手の共感力は聞き手の「納得」の度合いに影響を及ぼします。説得のプロセスの最終ステップ（③納得して動き出す）をクリアするためには、共感力が重要なカギを握っているといえます。

　リーダーはこれら３つの要素を身につけられるよう、日々努力をしていくことが重要です。

説得力の構成要素

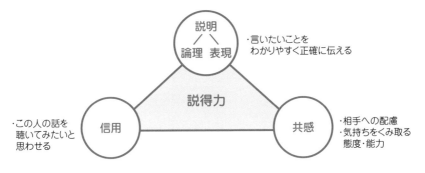

　最後に、このケースにおけるファシリテーションのポイントを図示します。

ファシリテーションのポイント

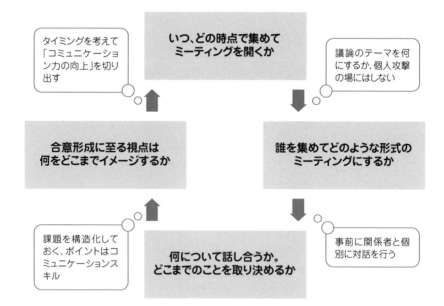

参考図書

- ファシリテーション入門（堀公俊、日経文庫、2004年）
- 新しいリーダーシップ（三隅二不二、ダイヤモンド社、1966年）
- 協力のリーダーシップ（ハーバード・ビジネス・レビュー編集部編訳、ダイヤモンド社、2009年）
- 会議が絶対うまくいく法（マイケル・ドイル他、日本経済新聞社、2003年）
- 「図解」問題解決入門（佐藤允一著、ダイヤモンド社、2003年）
- 問題解決と意思決定のツールボックス（ウィリアム・J.アルティエ、東洋経済新報社、2000年）
- 総解説ファシリティマネジメント（FM推進連絡協議会、日本経済新聞社、2003年）
- 総解説ファシリティマネジメント 追補版（FM推進連絡協議会、日本経済新聞社、2009年）
- 戦略思考力を鍛える（ハーバード・ビジネス・レビュー編集部編訳、ダイヤモンド社、2006年）
- グロービスMBAクリティカル・シンキング（グロービス経営大学院、ダイヤモンド社、2011年）
- 学問のすゝめ：福澤諭吉著作集第3巻（福沢諭吉著、慶應義塾大学出版会、2002年）
- 学問之独立・慶應義塾之記：福澤諭吉著作集第5巻（福沢諭吉著、慶應義塾大学出版会、2002年）
- 選択の科学（シーナ・アイエンガー著、文藝春秋、2010年）
- 生きがいの組織論（川喜田二郎・小林茂・野田一夫著、日本経営出版会、1968年）
- アサーション入門（平木典子著、講談社、2012年）
- ストレスマネジメント入門（島悟・佐藤恵美著、日経文庫、2007年）
- 意思決定論（宮川公男著、中央経済社、2010年）
- 企業組織の頭脳（S・ビーア著、啓明社、1987年）
- 経営科学入門（W.T.モリス著、同文館出版、1973年）
- 労働経済白書〈平成25年版〉（厚生労働省編、新高速印刷、2013年）

著者 中村誠司

筑波大学大学院 人間総合科学研究科　博士課程修了
一般企業を経て独立。企業や自治体の研修講師を長年にわたって行ってきている。大学講師、統計解析のコンサルティングを兼務。筑波大学にてストレスマネジメント、問題解決技法、モチベーションなどを専門に研究を行っている。慶應義塾大学 Business School 卒業 MBA 取得 慶應義塾大学大学院経営管理研究科修士課程修了（経営学）、慶應義塾大学大学院健康マネジメント研究科修士課程修了（健康マネジメント学）、筑波大学大学院人間総合科学研究科修士課程修了（保健学）。
E-mail　senakamu31@gmail.com

カバーデザイン	渡邊民人（TYPEFACE）
本文デザイン・組版	TYPEFACE

対人援助職のための
ファシリテーション入門
──チームの作り方・会議の進め方・合意形成のしかた

2017年4月1日　初版第1刷発行
2018年10月25日　初版第2刷発行

著　者　　　中村誠司
発行者　　　荘村明彦
発行所　　　中央法規出版株式会社
　　　　　〒110-0016 東京都台東区台東 3-29-1　中央法規ビル
　　　　　営　　業　TEL 03-3834-5817　FAX 03-3837-8037
　　　　　書店窓口　TEL 03-3834-5815　FAX 03-3837-8035
　　　　　編　　集　TEL 03-3834-5812　FAX 03-3837-8032
　　　　　https://www.chuohoki.co.jp/

印刷・製本　　新津印刷株式会社

ISBN 978-4-8058-5490-7
定価はカバーに表示してあります
落丁本・乱丁本はお取り替えいたします

本書のコピー、スキャン、デジタル化等の無断複製は、著作権法上での例外を除き禁じられています。また、本書を代行業者等の第三者に依頼してコピー、スキャン、デジタル化することは、たとえ個人や家庭内での利用であっても著作権法違反です。